D
ream
Pass

Your daily
dreams
come true

블루행정학
합격서브노트

Contents

Contents

Contents

제03장 조직론 · **83**

Contents

Contents

Contents

블루행정학
합격 서브노트

PUBLIC
ADMINISTRATION

제 01 장

행정학 총론

19C~	정치우위론	행정은 정당정치에 의해 지배	엽관주의	Jackson
19C말~	정치·행정 이원론	① 엽관주의 폐단극복을 위해 ② 정당정치로부터 행정의 분리를 주장 　➡ 실적제 ③ 행정을 정책의 효율적 집행을 위한 관리의 영역, 과학적 관리론	행정관리설 (기술적 행정학)	* Wilson, Goodnow, Gulick과 Urwick
1930년대~	정치·행정 일원론	① 1930년대 경제공황 극복을 위해 ② 행정의 정책결정+집행기능강조 　➡ 현대행정국가의 성립	통치기능설 (기능적 행정학)	Dimock, Appleby
1940년대~	새정치·행정 이원론	① 행정 : 조직내부의 협동적 집단행동(의사결정) ② 논리실증주의에 입각한 과학적 행정학 수립을 위해 ③ 행정 연구대상을 가치판단(정책)이 배제된 사실판단영역으로 국한	행정행태론	Simon, Barnard
1960년대~	새정치·행정 일원론	① 국가발전을 위한 발전목표와 계획 수립 및 집행을 강조(발전행정론–행정우위론의 입장, 효과성) ② 현실의 사회문제 해결을 위한 적실성과 실천, 가치지향성(사회적 형평) 강조(신행정학)	발전행정론/ 신행정학	Esman, Weidner/ Waldo
1980년대~	신정치·행정 이원론	1970년대 정부실패이후 ① 행정의 경영화, 시장화 ② 행정의 정치화 : 민간의 참여와 협력에 의한 공공문제해결	신공공관리론/ 거버넌스	Hood, Peters, Rhodes

* Wilson 「행정의 연구」, Goodnow 「정치와 행정(Politics and Administration)」

테마 02 ▶ 행정과 경영의 관계

(1) 행정과 경영의 차이점과 유사점

구 분	행정(공행정)	경영(사행정)
제공하는 재화와 서비스	공공재	사적재(민간재)
목 적	공익추구	사익 극대화
정치성	강함	약함
권력성 여부	권력적 성격	비권력적 성격
독점성	강 함	약 함
법적 규제정도	강 함	완 화
평등원칙 적용정도	강 함	약 함
능률성 척도	사회적 능률	기계적 능률
유사점 (관, 수, 협, 의)	• 목표달성을 위한 수단 • 관료제적 성격, 관리기술 • 협동행위 • 합리적 의사결정	

(2) 행정과 경영의 상대화 경향 : 1980년대 이후 확산

① 공공부문과 민간부문 간 기능중첩과 경계의 모호화
② 제3섹터 : 정부와 기업은 공동생산 혹은 대행 등을 통해 협력하기도 함
③ 행정의 경영화 : 정부와 기업은 그 운영방식·절차·기술 등에서 상호학습
④ 민간기업의 공공성 확대 : 민간기업의 사회적 책임성 등

[행정과 경영의 상대화]

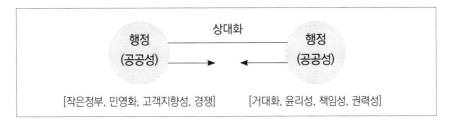

[작은정부, 민영화, 고객지향성, 경쟁]   [거대화, 윤리성, 책임성, 권력성]

보수주의와 진보주의

(1) 의의

이념에 따라 정부관을 구분하면 자유시장경제질서를 신뢰하고 정부의 시장개입을 원치 않는 보수주의 정부관과
자유시장경제질서의 한계를 인식하고 정부의 적극적 역할을 강조하는 진보주의 정부관으로 구분

(2) 보수주의 정부관과 진보주의 정부관의 비교

구분	보수주의(자유주의)–작은 정부론	진보주의–큰 정부론
인간관	• 합리적이고 이기적인 경제인	• 경제적 인간관부정
추구하는 가치	• 소극적 자유(국가권력으로 부터의 자유)강조 • 기회균등과 경제활동의 자유 강조 • 교환적 정의 중시	• 적극적 자유(국가권력에로의 자유) 강조 • 자아실현의 자유를 위한 전제로 실질적인 기회균등과 평등 강조 • 배분적 정의 중시
시장과 정부에 대한 평가	• 자유시장에 대한 신뢰 • 정부 불신	• 효율과 번영, 진보에 대한 자유시장의 잠재력은 인정 • 시장실패는 정부의 개입에 의해 교정가능
선호하는 정책	• 소외집단 지원정책반대 • 시장중심적 정책	• 소외집단 지원정책 • 조세제도에 의한 소득재분배
이데올로기	• 자유방임주의, 신자유주의	• 규제된 자본주의, 복지주의

참고	교환적 정의와 배분적 정의	
	교환적 정의	거래의 공정성(사회적 공헌도에 따른 보상)을 강조하는 정의
	배분적 정의	부의 공정한 배분(사회적 공헌도와 무관한 공평한 분배)을 강조하는 분배

테마 04 ▶ 행정의 변수와 행정과정

(1) 행정이론의 변천과 행정변수

년대	1880년대	1930년대	1940년대	1950년대		1960년대
행정 이론	과학적 관리론, 관료제이론, 행정관리론	인간관계론	행태론	생태론, 체제론	비교행정론	발전행정론, 신행정론
행정 변수	구조	인간	인간(행태)	환경	기능	(인간의) 가치관과 태도

(2) 행정과정

① 전통적 행정과정(Gulick의 POSDCoRB)

전통적인 정치행정이원론이나 '행정관리론'에서의 행정과정으로 Gulick의 POSDCoRB으로 표현된다.

POSDCoRB는 최고관리자의 기능을 의미하는 것으로, 기획(Planning), 조직화(Organizing), 인사(Staffing), 지휘(Directing), 조정(Coordinating), 보고(Reporting), 예산(Budgeting)을 의미한다.

전통적인 행정과정은 '계획 ➡ 조직화 ➡ 실시 ➡ 통제'의 단계로 이루어진다.

② 현대행정국가시대, 특히 정치행정일원론이나 '발전행정론'에서의 행정과정으로 현대적 행정과정은 '목표설정 ➡ 정책결정 ➡ 기획 ➡ 조직화 ➡ 동작화(동기부여) ➡ 평가(통제) ➡ 환류'의 단계로 이루어진다.

테마 05 　행정국가와 현대행정의 특징

(1) 행정국가의 대두와 행정국가 특징

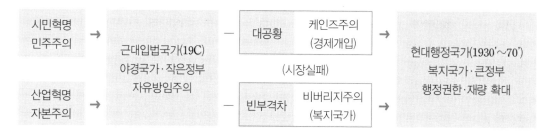

① 정부역할 : 정부가 민간에 대해 적극적인 역할 수행(시장에 대한 정부개입)
② 국정주도 : 행정부가 정책집행뿐만 아니라 정책결정까지 수행

(2) 현대행정(1930년대 – 1970년대)의 특징

① 양적 특징 : 행정기능 확대, 행정기구 확대, 공무원 수 증가, 재정규모 팽창

> **참고** 　**파킨슨(Parkinson)의 법칙**
>
> 1. 의의 : 본질적인 업무량과는 관계없이 공무원의 수는 늘어난다는 법칙. 상승하는 피라미드 법칙, 관료
>   제국주의 초래
> 2. 하위법칙 : 상호작용
>   ㉠ 부하배증의 법칙 : 경쟁을 꺼린 나머지 동료보다 부하를 증원하려는 심리
>   ㉡ 업무배증의 법칙 : 감독, 보고 등 파생적 업무가 서로 창조되는 현상

② 질적 특징 : 행정의 전문화·기술화, 탈관료화, 정책결정의 중시, 광역행정, 신중앙집권화, 행정책임·통제의
중시

(3) 1980년대 이후 현대행정의 특징

① 정부의 경제·사회복지기능 축소(작은 정부 ; 정부 공동화) ➡ 네트워크(거버넌스)
② 민간기업의 경영기법 도입 및 행정과 경영의 상대화
③ 세계화와 개방경제, 신지방분권화

▶ 큰 정부와 작은 정부의 비교

구분	큰 정부(수요중시 경제학) : 1930~1970	작은 정부(공급중시 경제학) : 1980~1990
의의	규제, 복지 등 시장에 대한 정부의 개입 강조	정부는 시장에 가급적 개입하지 말아야 한다는 입장
배경	경제대공황 등 시장실패	정부실패
국가	현대행정국가	신행정국가, 신자유주의
학파	Keynes, 재정학파	Hayek, Friedmann 등 통화학파
정책수단	재정정책 (by 조세 및 지출)	금융정책 (by 통화량 조절)
행정부	Roosebelt 행정부	Reagan 행정부
이념	수요가 공급을 창출	공급이 수요를 창출
이데올로기	수정자본주의, 진보주의	신자유주의, 보수주의

참고 **정부팽창에 대한 논의**

(1) 과다공급설(정부기능의 팽창에 관한 논거)
  ① Wagner의 경비팽창의 법칙 : 사회경제적 진보가 지속되는 한, 국가의 새로운 기능이 생겨나면서 국가경비가 팽창된다.
  ② Peacock & Wiseman의 전위효과(대체효과) : 전쟁 등의 위기 시에 조세의 급격한 팽창이 이루어지는데 이렇게 증가한 재정수준은 경제가 정상으로 회복되더라도 톱니바퀴 효과가 발생하여 남는 재원이 새로운 사업을 추진하는데 이용됨으로써 원상태로는 돌아가지 않는다.
  ③ Baumol's Disease(보몰병) : 정부부문의 생산성이 정체상태에 있기 때문에 비용절감이 힘들고 따라서 정부지출의 규모가 점차 커질 수밖에 없다고 하였다.
  ④ Niskanen의 예산극대화모형 : 관료들은 가능한 한 더 많은 예산을 확보하려고 노력한다.
  ⑤ Buchanan의 리바이어던 가설 : 공공지출에 대한 통제권한이 집권화될수록 로비로 인해 정치인·관료·이익집단들의 선호가 재정정책에 반영되고 정부의 재정지출이 팽창되어, 정부는 규모와 조세의 극대화를 추구하는 괴물인 리바이어던이 된다.
  ⑥ Parkinson 법칙

(2) 과소공급설
  ① Duesenberry의 과시(전시)효과 : 민간재는 체면유지 때문에 필요한 지출보다 더 많은 지출을 하지만 공공재는 전시효과가 나타나지 않기 때문에 공공재의 소비가 덜 이루어진다는 것이다.
  ② Galbraith의 선전효과(의존효과) : 민간에 비해 공공재는 선전이 이루어지지 않기 때문에 소비욕구를 유발하지 못해 과소소비 및 과소생산이 야기된다.
  ③ Musgrave의 조세저항 : 일반인들은 조세를 납부하더라도 그로부터 편익을 얻는다는 것을 인지하지 못하기 때문에 조세저항이 발생하고 공공재의 과소생산이 야기된다.
  ④ Downs의 합리적 무지 : 공공재의 경우 정보수집비용이 정보수집편익보다 더 크기 때문에 정보수집행위를 하지 않는다. 따라서 시민들은 합리적 무지에 놓이게 되어 공공서비스의 편익을 모른 채 공공서비스의 확대에 저항함으로써 공공재의 과소생산이 야기된다.

테마 06 시장실패

1. 의의

시장실패 : 시장에 의한 자원배분이 효율성과 형평성을 달성하지 못하는 현상(행정국가의 논거)

2. 대두배경

(1) 역사적 대두배경 – 대공황과 빈부격차

(2) 이론적 대두배경 – 공유지의 비극(비용분산, 편익집중) : Hardin

① 의의 : 공유재의 비배제성으로 인해, 합리적·이기적인 개인들은 자신의 이익극대화를 위해 공유지를 무분별하게 사용한다. 그러나 개인들의 공유지에 대한 무분별한 사용은 결국 공유지의 자원고갈이라는 '공유지의 비극'을 야기시켜 사회적으로는 바람직하지 않은 결과를 초래하게 된다.

② 시사점 : 개인적 차원에서의 최적행동이 사회적으로 최적이 아닌 결과를 야기하는 현상'을 설명하는 이론으로 시장실패 및 정부개입의 이론적 근거가 된다.

③ 해결방안

　　㉠ 정부규제 – 공유지이용규칙의 설정

　　㉡ Pigou관점 – 외부효과의 내부화(공해세 부과, 보조금 지급)

　　㉢ Coase관점 – 공유재의 사유화(이면도로의 지정주차제)

3. 시장실패의 원인과 정부개입

(1) 공공재의 존재 : 무임승차로 시장에 의해 생산되지 않는 비효율성

→ 정부개입 : 공공재의 직접적 생산자로서의 정부(공적 공급체제)

▶ 재화 및 서비스의 유형

	비경합성	경합성
비배제성	공공재(집합재) – 무임승차(과소공급) (국방, 치안, 등대, 소방, 일기예보)	공유재 – 공유지비극(과잉소비) (자연자원, 국립도서관, 일반도로)
배제성	요금재(유료재) – 자연독점 (통신, 전기, 수도, 유료도로)	시장재(민간재)

① 공공재의 특성 : 비배제성, 비경합성, 내생적 선호, 비축적성, 등량소비성

② 가치재 : 최소한 일정수준이상 소비하는 것이 바람직한 재화나 서비스로 정부가 공급과 소비를 권장하는 재화(예 농어촌지역의 의료, 주택공급, 의무교육, 문화행사 등)

(2) 외부효과의 존재

    ① 외부경제(공장 앞 도로개설, 골목길 청소) : 과소공급 ← 정부 보조금

    ② 외부불경제(기업의 환경오염) : 과다공급 ← 정부규제

(3) 독점 등 불완전경쟁의 존재

    ① 일반적인 불완전경쟁 : 시장경쟁의 형성을 위한 규제자로서의 정부

    ② 규모의 경제로 인한 자연독점 : 직접적 생산자로서의 정부(공적 공급체제)

(4) 불완전 정보, 정보비대칭(주인 – 대리인관계에서 역선택과 도덕적 해이 발생)

    → 정부개입 : '정보유통의 유도자, 규제자로서의 정부'

구 분	내 용	대 안
도덕적 해이	대리인이 주인을 위해 행동하지 않고 대리인 자신을 위한 행동하는 것(대리인의 사익 추구행위)	• 유인설계 : 성과급제도 • 경쟁유도 등
역선택	거래 당사자나 상품의 감추어진 특성을 모르는 다른 당사자가 손해를 감수하고 불리한 거래를 하는 경우(불량중고차 구매)	상표부착·공인제도(Q마크 등), 허가제도, 원산지 표시 등

(5) 소득분배의 불공평성 ← 정부개입 : 소득재분배 정책(누진세, 국민기초생활보장제)

    ▶ 시장실패와 정부의 대응방식

구 분	공적 공급	공적 유도(보조금)	정부 규제
공공재의 존재	○		
외부효과의 발생		○	○
자연독점	○		○
불완전경쟁			○
정보의 비대칭성		○	○

테마 07 ▶ 정부규제 – 시장실패 교정

1. 의의

정부규제의 개념 : '특정한 행정목적을 달성하기 위하여 국민의 권리를 제한하거나 의무를 부과하는 것' (규제의 속성 : 강제성, 공식성, 동태성)

2. 정부규제의 유형

(1) 영역별 분류

① 경제적 규제(개별기업규제, 포획가능성↑)

ㄱ 진입, 퇴거규제 　　　　　　ㄴ 가격규제

ㄷ 독과점 및 불공정거래에 대한 규제 　　ㄹ 품질규제

② 사회적 규제(규제광범위, 포획가능성↓)

ㄱ 소비자 보호규제 　　　　　　ㄴ 환경규제

ㄷ 산업재해규제 　　　　　　ㄹ 사회적 차별에 대한 규제

▶ 경제적 규제와 사회적 규제

구분	규제의 효과	재량여부	규제실패우려 (포획 및 지대추구)	규제개혁 방향	개혁목표
경제적 규제	개별기업	재량적 규제	높음	완화	부패방지, 경쟁촉진
사회적 규제	광범위	비재량적 규제	낮음	강화	삶의 질 향상

참고　**포획현상과 지대추구**

(1) 포획(Capture)현상

규제기관(공무원)이 피규제기관(규제대상인 기업이나 이익집단)으로부터 뇌물, 향응 등 직무와 관련된 각종 편의를 제공받고 그들의 이익을 옹호하는 현상으로서 관료의 도덕적 해이와 관련되며 규제행정의 공평성이 저해된다.

(2) 지대추구현상

지대추구란 국가가 승인한 독점권으로부터 발생하는 수익을 개인 또는 기업이 획득하고 유지하기 위한 행위이다. 즉, 기업들은 '비경쟁체제 하에서 발생한 독점적 이익'(지대)을 지속적으로 유지하기 위하여 기술개발 등 건전한 생산에 투입하여야 할 자원을 정부관료에게 비생산적·낭비적 비용(뇌물, 향응 등 로비활동)으로 지출하게 된다. 따라서 지대추구는 자원의 비효율적 배분을 야기하고 독과점현상을 조장함으로써 사회 전체의 후생 감소와 공무원부패 및 포획을 초래한다.

(2) 규제수단별 분류

① 직접적 규제(명령지시적 규제) : 국가가 직접규제를 위한 규칙이나 기준을 설정하여 의무화시키고 금지·제한하는 행위(폐수방출기준, 성과기준 설정)

② 간접적 규제(시장유인적 규제) : 국가가 강제적 수단에 의하지 아니하고 국민과 대등한 입장에서 간접적으로 민간의 활동에 영향을 미치는 행위(부담금 부과, 보조금 지급)

▶ 직접적 규제와 간접적 규제

구 분	명령지시적 규제(직접적 규제)	시장유인적 규제(간접적 규제)
내 용	규제기준 명확, 의무적, 강제적, 직접적	유인책, 우회적 규제, 비강제적, 간접적
이행수단	명령, 규칙, 기준(성과기준, 환경오염기준)	보조금 지급, 부담금 부과, 오염허가서 등
효과	정책적 효과 높음	규제효과 간접적

(3) 규제대상에 따른 분류

① 수단규제(투입규제) : 정부의 목표달성을 위해 필요한 기술, 행위 등 수단을 규제하는 것(작업장 안전확보를 위한 안전장비 착용을 규제하는 것)

② 성과규제(산출규제) : 특정 사회문제 해결에 대한 목표달성 수준을 정하고 피규제자에게 이를 달성할 것을 요구하는 규제(대기오염 방지를 위해 대기 중 이산화탄소 농도수준을 규제하는 것), 수단과 방법의 선택은 피규제자가 자유롭게 선택

③ 관리규제(과정규제) : 관리과정(절차)을 규제하는 것 (HACCP – 음식물안전관리시스템)

(4) 규제의 수행주체에 따른 분류

① 직접규제 : 정부가 규제대상자들을 직접 규제하는 것

② 자율규제 : 개인과 기업 등 피규제자가 스스로 합의된 규범을 만들고 이를 구성원에게 적용하는 규제 방식

③ 공동규제 : 정부로부터 규제권한을 위임받은 민간집단에 의해 이루어지는 규제

3. J.Q Wilson의 규제정치이론

		감지된 편익	
		집중	분산
감지된 비용	집중	이익집단정치 (의약분업정책, 노사분규)	기업가의 정치 (환경오염규제, 원자력안전규제)
	분산	고객정치 (수입규제, 직업면허, 농산물 최저가격규제)	대중정치 (낙태규제, 음란물규제, 차량10부제 운행)

4. 정부규제의 폐단과 규제개혁

(1) 규제의 폐단

　① 규제피라미드 : 규제가 규제를 낳은 결과 피규제자의 규제 부담이 점점 증가하는 현상 – 타르베이비 효과(Tar Baby Effect)

　② 규제의 역설 : 정부에 의해 형성된 규제가 실제로 집행되는 과정에서 규제의 목적과 달리 정반대의 효과를 발생하는 현상

(2) 규제개혁

　① 규제개혁의 의의 : 불합리한 규제를 개선하기 위해 규제의 생성·운용·소멸의 모든 과정에서 정부가 체계적으로 개입하는 것

　② 규제개혁의 3단계 :

규제완화 (규제총량감소)	→	규제품질관리 (규제영향분석)	→	규제관리 (한 국가의 전반적인 규제체계관리)

　③ 규제관리 단계와 관련된 제도 : 규제등록제, 규제정보화시스템, 규제맵

(3) 우리나라의 규제개혁(행정규제기본법)

　① 규제법정주의와 규제의 원칙

　　㉠ 규제법정주의

　　㉡ 규제의 원칙 – 본질적 내용의 침해 금지의 원칙, 규제 최소한의 원칙, 실효성의 원칙

　② 규제개혁의 수단 – 규제영향분석(사전 심사)

　　㉠ 의의 : 규제를 새롭게 도입하거나 기존의 규제를 강화하고자 할 때 규제의 사회적 편익과 비용을 점검하고 측정하는 체계적인 의사결정 도구

　　㉡ 필요성 : 효율적 자원배분, 합리적 의사결정, 정치적 이해관계 조정

　　㉢ 규제심사대상 : 정부발의 입법안에 대해서만 적용되고, 의원 발의 입법안은 제외

　　㉣ 규제심사기준 : 규제의 필요성, 규제대안 검토, 비용–편익분석과 비교, 규제내용의 적정성

(4) 규제개혁위원회(대통령 소속기관, 위원장 2명)

　① 대통령 소속기관이며, 위원장 2명을 포함한 20명 이상 25명 이하의 위원으로 구성

　② 규제개혁 프로그램 : 규제정비종합계획, 규제일몰제(5년), 규제등록제, 중소기업규제차별화, 한시적 규제유예조치, 규제맵

　③ 규제샌드박스 : 기존규제로 인해 신제품 시장출시가 지연되는 경우, 기존규제의 개선이전에도 우선 시장에 출시를 허용하는 임시적인 조치(유형 : 규제 신속확인, 임시허가, 실증특례)

(5) 규제개혁의 방향

　① 직접규제 ➡ 간접규제　　② 사전규제 ➡ 사후규제　　③ 수단규제 ➡ 성과규제나 관리규제

　④ Positive system(원칙규제, 예외허용) ➡ Negative system(원칙허용, 예외규제)

참고　**행정지도**

1. 개념 : 행정주체가 행정목적을 달성하기 위하여 시민에게 영향력을 행사하는 비법률적 행정작용
2. 유용성 : 민간부문의 정부 의존도가 높을수록, 행정수요의 변화에 비해 입법조치가 탄력적이지 못할수록, 행정수요가 임시적·잠정적이어서 법적 대응이 곤란할 때 효과적

테마 08 ▶ 정부실패

(1) 의의

정부실패 : 정부개입이 시장실패 교정에 실패하고, 오히려 자원배분의 비효율성과 불공정성을 초래하는 현상
(작은 정부론의 논거)

(2) 원인

① X-비효율성 : 독점에 따른 비효율
② 내부성 : 조직의 내부목표 추구로 인한 사회목표와의 괴리
　　㉠ 예산의 극대화
　　㉡ 관할정보의 독점적 획득과 통제
　　㉢ 최신기술에 대한 집착
③ 파생적 외부효과(비의도적 효과의 확산) : 정부의 시장개입 ➡ 부작용
④ 권력의 편재(권력과 특혜의 남용)에 따른 분배적 불공평성
⑤ 비용 부담주체와 편익 향유주체 간의 절연(분리)
⑥ 지대추구행위

> 참고　**Wolf. Jr의 비시장실패이론**
>
> ① 정부산출물의 수요측면의 정부실패원인
> 　㉠ 시장실패에 대한 일반인들의 인식고조와 행정수요의 팽창
> 　㉡ 정치적 보상구조의 왜곡
> 　㉢ 정치인들의 높은 시간 할인율
> ② 정부산출물의 공급측면의 정부실패원인
> 　㉠ 정부산출물의 정의와 성과측정의 곤란성(정부산출물의 무형성)
> 　㉡ 독점생산(X-비효율)
> 　㉢ 최저선 또는 종결 메커니즘의 결여(정부실패의 구조적 요인)

(3) 정부실패에 대한 정부의 대응방식

구 분	민영화	정부보조 삭감	규제완화
사적목표의 설정(내부성)	○		
X-비효율·비용체증	○	○	○
파생적 외부효과		○	○
권력의 편재	○		○

정부실패에 대한 대응 – 작은 정부론

1. 감축관리

① 70년대 석유파동 등으로 자원난 시대에 등장, 단순한 정책이나 조직의 폐지가 아니라, 행정의 전반적인 효율성을 높이기 위한 정비운동
② 감축관리의 방법 : 정책종결, 일몰법, ZBB, 정부기능의 민간이전
③ 감축관리의 저해요인 : 조직의 생존본능, 이해관계자의 저항
④ 감축관리와 가외성의 조화

2. 정부기능 재배분 : 정부기능 축소 논리

① 정부기능을 정책결정기능과 집행기능을 분리하고
② 전자(Steering)에 대하여는 핵심행정부가, 후자(Rowing)에 대해서는 지방정부 또는 민간부문 그리고 제3섹터(그림자 정부)가 담당 – 시장성테스트

3. 민영화

(1) 이론적 배경

대리인이론(공기업의 경우 국민 – 정부 – 공기업의 복대리의 문제로 비효율적 경영이 초래되므로 민영화가 요구됨)

(2) 유형

① 협의의 민영화   ② 민간위탁
③ 규제완화   ④ 공동생산

(3) 민영화의 장·단점

장 점	단 점
① 작은 정부의 구현 ② 행정서비스의 효율성제고 ③ 민간의 전문성활용을 통한 행정서비스의 질적 향상 ④ 정부재정의 건전화촉진 ⑤ 업무의 전문성 제고 ⑥ 생산체제의 다원화를 통한 소비자 선택권 보장	① 공공서비스 생산에 대한 행정책임확보의 곤란 ② 공급중단의 우려와 서비스 가격상승으로 인한 사회적 형평성저해 ③ 공공서비스의 안정적 공급중단 ④ 계약절차에 있어서 부정의 개입소지 ⑤ 역대리인 현상(생산자 선정에서 역선택과 생산자의 도덕적 해이)으로 인한 공공서비스의 질 저하 및 감시비용증가

(4) 민간위탁

① 민간위탁 : 공공서비스의 공급방식 가운데 민간이 생산자 역할을 수행하는 것

② 민간위탁의 효과

 ㉠ 경비의 절감(경제성)

 ㉡ 신속한 업무처리와 업무량 변화에 따른 탄력적 대응(효율적 업무처리)

 ㉢ 공공서비스의 질적 수준 개선

 ㉣ 전문기술과 지식의 활용

 ㉤ 정부기구와 인력 및 예산의 감축

③ 민간위탁의 유형(공급과 생산 주체에 따른 분류)

구분		공급주체	
		정부	민간
생산주체	정부	• 정부서비스(직접 공급) • 정부 간 협약	• 정부서비스판매(정부위탁형)
	민간	• 계약(민간위탁) • 면허(Franchising) • 보조금(Grant)	• 구매권(Voucher) • 시장(Market) • 자원봉사(Voluntary)

④ 민간위탁의 방식

 ㉠ 민간과의 계약(좁은 의미의 민간위탁) : 정부가 민간에게 제공하는 서비스를 민간기업에 위탁하여 제공하도록 하는 제도(전문성과 능률성제고) – 쓰레기 수거

 ㉡ 보조금 지급 : 민간주체의 공공서비스 제공활동에 대해 재정 혹은 현물을 지원하는 방식으로 공공서비스의 요건을 구체적으로 명시하기 곤란하거나, 서비스가 기술적으로 복잡한 경우에 활용되나 자율적인 시장가격을 왜곡할 우려가 있음 – 교육시설, 탁아시설에 대한 보조

 ㉢ 면허(허가 : Franchise) : 정부가 민간기업에 특정한 지역 내에서 특정 서비스를 제공할 수 있도록 특허권을 부여하고 소비자가 서비스의 대가를 지불하는 방식으로 서비스제공자들 사이에 경쟁이 미약하면 이용자의 비용부담이 가중될 우려가 있음 – 폐기물 수거·처리

▶ 위탁계약과 면허 방식의 비교

구 분	위탁계약	면 허
유사점	• 정부가 공급자이고 민간이 생산자(정부가 결정하고 민간이 생산) • 정부가 민간기업에 재화나 서비스의 공급권을 부여 • 관련 행정업무 수행에 소요되는 경비를 절감 • 입찰시 시장 논리에 의한 민간부문의 경쟁 유도 • 공공서비스 공급의 최종적 책임은 정부에 귀속	
차이점	정부가 민간업체에게 업무를 맡김	정부가 민간업체에게 권리를 부여
	서비스 구입자는 정부	서비스 구입자는 이용시민
	정부가 비용을 부담	이용시민이 비용을 부담

ⓔ 증서교부(Vouchers) : 저소득층과 같은 특정계층의 소비자에게 특정재화나 서비스를 구매할 수 있는 권리증서를 교부하는 방식으로 소비자의 선택권을 확대하는 수요자 중심의 생산방식

▶바우처의 종류

구 분			내 용
사전에 구매권 지급 ○	명시적 바우처	종이바우처	식품이용권과 같은 종이쿠폰을 지급
		전자바우처	신용카드나 휴대폰 등 전자적 수단으로 서비스 이용 및 지불
사전에 구매권 지급 ×	암묵적 바우처		직접적으로 소비자에게 바우처를 부여하지 않고 소비자가 공급기관을 자유롭게 선택이용하면 정부가 공급자에게 비용을 사후에 지급(방과후 수업)
	환급형 바우처		소비자가 공급자에게 먼저 비용을 지급하고 서비스를 이용한 후, 영수증과 신고보고서를 정부기관에 제출하면 소비자에게 비용을 사후에 환급

ⓜ 자원봉사자 활동 : 직접적인 보수는 받지 않으면서 서비스의 생산과 관련된 현금지출에 대해서만 보상받고 정부를 위해 봉사하는 사람들을 다양한 분야에서 활용하는 방식으로 신축적인 인력운영이 가능하며, 예산삭감 시 서비스 수준에 대한 영향을 최소화 함 – 레크리에이션, 안전모니터링

ⓗ 자조활동(Self-help) : 공공서비스의 수혜자와 제공자가 같은 집단에 소속되어 집단목적에 맞는 특정 서비스를 서로 돕는 방식으로 정부의 서비스 생산을 대체하기 보다는 보조하는 성격을 지님 – 자율방범대활동, 고령자 돌보미

4. 공공부문에 대한 민간자본투자

(1) 수익형 민자사업(BTO : Build Transfer Operate)
　① 민간이 도로·철도 등 시설을 건설하고
　② 국가에 소유권을 이전하는 대신 사업권을 부여받아
　③ 민간이 시설을 운영하면서 시설이용자로부터 사용료를 징수하여 투자비를 회수하는 방식
(2) 임대형 민자사업(BTL : Build Transfer Lease)
　① 민간이 공공시설을 건설하고
　② 국가에 소유권을 이전하는 대신 일정기간 동안 시설의 수익권을 획득하며
　③ 민간은 시설을 정부에 임대하여 정부로부터 임대료를 받아 시설투자비를 회수하는 방식
(3) 수익형 민자사업과 임대형 민자사업의 비교

구 분	수익형 민자사업(BTO)	임대형 민자사업(BTL)
대상시설	도로·철도와 같이 사용료 수입으로 투자비 회수가 가능한 시설	교육·문화·복지시설과 같이 사용료 수입으로 투자비 회수가 어려운 시설
투자비 회수	이용자의 사용료	정부의 시설 임대료
시설관리주체	민간	정부

테마 10 ▶ 시민사회와 NGO, 신뢰와 사회적 자본

(1) 시민사회와 비정부조직(NGO)

① 시민사회단체 해석의 관점

㉠ 결사체 민주주의 : 이상적 사회란 NGO 등의 (결사체적)자원조직들이 많이 생겨서 효과적으로 활동하며 사회적 의미를 부여하는 형태

㉡ 다원주의 : 사회적 다원성을 전제로 하는 시민사회의 등장을 효과적으로 설명한 관점으로, 자발적 결사체들의 활동으로 대의민주주의의 위기가 극복될 수 있다고 보고, 이를 보완하는 대안으로 참여민주주의를 제시

㉢ 공동체주의 : 개인의 자유를 중시하는 전통적 자유주의와 개인의 책임을 강조하는 보수주의를 절충한 입장으로 공동체를 위한 책임 있는 개인의 자원봉사 정신을 강조

㉣ 사회자본론 : 사회자본은 시민의 자발적 참여에 의해 생산되는 무형의 자본을 의미(신뢰)

② NGO의 특성 : '제3섹터'의 조직, 자발성에 기초한 조직, 비영리조직, 공식적 조직, 자치조직

③ NGO의 기능 : 공동생산에 참여, 정부와 기업에 대한 비판·감시, 공공서비스공급(봉사활동), 정책제안자, 갈등조정, 시민교육기능 등

(2) NGO의 형성이론

① 시장실패–정부실패이론 : 가격에 의하여 작동하는 시장과 계층제에 의하여 작동되는 정부 모두가 실패할 때 그 해결책으로 NGO가 형성된다는 이론

② 공공재이론 : 정부의 공공서비스 공급체계에서 충족하지 못한 시민들의 수요를 만족시키기 위해 NGO가 형성된다는 이론

③ 계약실패이론(시장실패이론, 신뢰이론) : 소비자들은 정보의 비대칭성 때문에 기업이 생산해내는 서비스의 질과 양에 대한 정보를 정확히 평가하지 못하므로 이를 보완하기 위해 NGO가 형성된다는 이론

④ 자원(自願)부문실패모형 : NGO가 실패할 경우 정부가 2차적으로 보완하면서 양자가 공동협력관계를 형성하며, 이 과정에서 NGO가 성장되었다고 보는 이론

⑤ 소비자통제이론 : 소비자인 시민이 국가권력을 감시하고 통제하기 위한 수단으로 NGO가 발생했다는 이론

⑥ 보조금이론 : 비영리단체는 민간의 자발적 보조만으로는 운영되기 어려운 측면을 많이 가지고 있으므로 정부의 보조금지원으로 NGO가 생성되고 유지된다는 이론

(3) NGO실패(자원부문실패) 이론 – Salamon

① 박애적 불충분성 – 필요한 자원을 지속적·안정적으로 획득의 곤란

② 박애적 배타주의 – NGO가 제공하는 서비스가 특정 소수집단에 초점

③ 박애적 온정주의 – 소수의 자원제공자에 의존

④ 박애적 아마추어리즘 – NGO의 전문성부족

(4) 신뢰와 사회적 자본

① 사회적 자본은 물적 자본이나 인적 자본이라는 전통적 자본과 달리, 사회구성원 간 상호이익 증진을 위한 협력을 용이하게 하는 신뢰와 같은 사회공동체 자체가 갖는 특성

② NGO에 의한 시민들의 자발적 참여네트워크 확대는, 사회구성원들의 신뢰와 사회적 자본을 축적하여, 거래비용을 감소시키며 구성원 간 협력을 강화하고 집단행동의 딜레마와 공유지의 비극을 해소 ➡ 경제 발전과 민주주의 발전에 기여

테마 11 ▶ 시민참여의 활성화 – 숙의민주주의

(1) 숙의민주주의의 개념과 장·단점

① 개념 : 숙의가 의사결정의 중심이 되는 민주주의의 형식

② 국민의 역할 : 정책결정에 실질적으로 영향을 미치는 일반국민이 숙의적 토론 과정을 거쳐 정책을 결정

③ 방법 : 시민들이 대등한 정책결정자로 정책결정의 테이블에 참여

④ 장·단점

장 점	㉠ 공공선의 추구 가능 ㉡ 대의민주주의 또는 직접민주주의 방식을 구분하지 않고 적용가능
단 점	실현가능한 방법론의 미비

(2) 숙의제도의 유형

① 공론조사 : 대표성 있는 시민의 선발과 정보제공에 기초한 토론, 참여자들의 의견을 공공정책에 반영

② 합의회의 : 시민들이 전문가에게 질의하고 의견청취, 의견교환과 심의 통해 합의도출

③ 시민회의 : 공공정책 결정과정에 시민이 참여하여 결론도출, 시민의 결정을 의회동의를 얻어 입법화

④ 주민배심 : 대표시민들이 정책 질의 및 심의 과정에 참여, 정책 권고안 제시

▶ 미국 행정학의 사상적 배경

　해밀턴(연방주의) → 제퍼슨(자유주의) → 메디슨(다원주의) → 잭슨(엽관주의) → 윌슨(행정연구)

▶ 미국 행정학의 발전과정

구분	고전행정학 (1900-30년대)	신고전행정학 (1930년대)	현대행정학				
			1950년대	1960년대	1970년대	1980년대	1990년대
접근 방법	행정관리론 과학적 관리론	인간관계론	행태이론 생태론 체제이론	발전행정	신행정론 공공선택이론 신제도주의	신자유주의 신공공관리	신공공 서비스론
이념	기계적 능률	사회적 능률	가치기준의 다원화	효과성	탈관료제	생산성	민주성

테마 12 ▶ 고전 행정학

(1) Wilson의 정치·행정 이원론 – 「행정의 연구, 1887」

(2) Taylor의 과학적 관리론 – 「과학적 관리의 원리, 1911」 : 시간과 동작연구에 의한 조직의 기계적 능률을 극대화

(3) E. Mayo의 인간관계론 – 호손 실험, 인간의 정서적·감정적 요인에 역점을 두는 관리

구분	과학적 관리론	인간관계론
행정이념	능률성(기계적 능률관)	능률성(사회적 능률관)
초점	구조(공식적 구조)	인간 및 비공식적 구조
관리 리더십 인간관 보상	• X이론적 관리(관리·통제의 강조) • 권위적 리더십 • 합리적 경제인관(X이론적 인간관) • 경제적 보상	• Y이론적 관리(참여적 관리) • 민주적 리더십 • 사회적 인간관(Y이론적 인간관) • 사회적 보상
유사점	• 능률성을 지향한 폐쇄적 조직관 • 관리자의 입장에서 작업계층에 대한 관리수단에 대한 연구 • 정치행정이원론 • 인간행동의 피동성 ← 동기부여의 외재성, 욕구체계의 획일성 • 생산성향상이 궁극적 목표	

(4) 행정관리론(기술적행정학)

　① 행정을 능률적으로 수행할 수 있는 관리상의 조직원리 규명(조직관리론)

　② 행정관리론의 내용 : Willoughby의 「행정의 제 원리」, Taylor의 과학적 관리의 원리, Gulick과 Urwick 의 「행정과학 논문집」, Gulick의 POSDCoRB와 부처편성의 원리 → Simon의 비판 : "이러한 원리들은 과학적인 검증을 거치지 않은 격언에 불과하다"

(1) 행태론의 특징

① 행정에 대한 인식 : 행정을 사실에 관한 협동적 의사결정과정으로 인식

② 연구대상 : 외면화된 행태 – 객관적·경험적·관찰 가능한 행동과 태도, 개성

③ 연구방법 : '논리실증주의'에 의한 자연과학의 연구방법을 사회현상에 적용하여 인간행태의 규칙성과 인과성을 발견 ➡ 법칙발견

④ 연구의 범위 : 연구에서 가치와 사실을 구분하고, 사실중심연구(가치중립적)

⑤ 접근방법 : 미시적 접근방법(방법론적 개체주의 : 집단고유의 특성인정하지 않음), 사회심리학적 접근중시

⑥ 개념의 조작적 정의를 통해 객관적 이며 계량적 분석 기법 적용

(2) 행태론의 공헌과 한계

① 공헌

　㉠ 행정연구의 과학화에 기여

　㉡ 보편적 이론 구축에 기여

② 한계

　㉠ 연구대상·범위의 지나친 제약 – 가치문제, 제도와 환경적 요인 배제

　㉡ 연구방법과 설명에 지나친 치중

　㉢ 가치판단 배제의 비현실성과 경험적 보수주의화

(3) 행태론과 신행정론

구분	행태론	신행정론(후기행태론)
행정이념	합리성	민주성, 사회적 형평성
방 법 론	논리실증주의	현상학(반실증주의)
성격 – 연구자	과학성(일반법칙의 발견) – 가치중립성·객관성	기술성·처방성·적실성(문제 중심) – 가치지향성·간주관성
연구대상	인간행태 연구 : 인과관계파악	인간행위 연구 : 행동이면의 동기
조직관리	계층제·관리지향·유일최선의 원리	탈계층제·참여적·정책지향
관련학자	Simon, Barnard	Waldo, Frederickson

테마 14 ▶ 체제론적 접근방법 - 총체주의

(1) 체제론적 접근방법

행정체제를 하나의 유기체로 보아 행정을 둘러싸고 있는 다른 환경적 제 요소와의 관련성 속에서 행정을 연구하려는 개방체제적 접근방법

(2) 체제론적 접근방법의 특징

① 총체주의적 관점, 거시적 분석 : 방법론적 전체주의
② 목적론적 관점 : 모든 체제는 목적을 보유
③ 시간중시의 관점 : 체제들은 시간선 상에서 변동하는 동태적 현상을 보임
④ 계서적 관점

(3) 개방체제의 특징

① 부정적 엔트로피(Negative entrophy)
② 체제의 진화 : 분화와 통합
③ 항상성(Homeostasis)과 동태적 균형유지
④ 등종국성(목표달성방법의 다양성)·이인동과성
⑤ 환경과 '투입-전환-산출-환류'의 과정

(4) 체제이론의 평가

① 공헌
  ㉠ 거시적 안목 제공
  ㉡ 과학적 분석기법(체제분석기법) 발달에 기여
② 한계
  ㉠ 정태성을 강조하는 현상유지적 성격(균형이론)으로 행정의 변화와 발전을 충분히 설명하지 못함
  ㉡ 후진국행정을 설명하는 데는 한계가 있고 안정된 선진국사회의 연구에 보다 적절
  ㉢ 환경에 대한 행정의 독립변수적인 성격을 충분히 설명하지 못함
  ㉣ 거시적 측면을 중시하여 하위체제의 운영과 개인과 집단의 행태적 측면을 간과

생태론적 접근방법과 비교행정론, 발전행정론

(1) 생태론적 접근방법

① 개념 : 행정체제를 하나의 유기체로 파악하고 특정국가의 행정현상을 그 국가의 사회적·자연적·문화적 환경과 관련시켜 이해하려는 접근방법으로, 서구의 행정제도가 후진국에서 잘 작동되지 않는 이유는 사회·문화적 환경이 다르기 때문이라고 본다.

② 특징

　㉠ 거시적 분석 : 체제자체를 연구대상

　㉡ 개방체제적 관점 : 행정과 환경의 상호작용관계의 분석에 초점

　㉢ 종속변수로서 행정 : 환경이 행정에 영향을 주는 측면을 중심으로 연구

> **참고**
> • **Gaus의 환경변수** ① 주민, ② 장소, ③ 물리적 기술, ④ 사회적 기술, ⑤ 사상, ⑥ 재난, ⑦ 인물
>
> • **Riggs의 환경변수** ① 정치체제, ② 경제적 기초, ③ 사회구조, ④ 이념적 요인, ⑤ 의사소통

(2) 비교행정론

① 개념 : 비교행정론에서는 서로 다른 문화적 환경 및 국가의 행정체제를 비교하며, 주로 행정제도와 행정행태를 비교·분석한다.

② Riggs의 비교행정이론

	농업 사회	전이 사회	산업 사회
사회의 특성	융합 사회	프리즘적 사회	분화 사회
관료제적 특성	안방 모형	사랑방 모형	사무실 모형

* 프리즘적 사회의 특징 : 양초점성, 이질혼합, 다규범성, 가격의 불확정성, 기능중복, 연고우선주의, 형식주의, 다분파주의 등

(3) 발전행정론

① 개념 : 행정이 국가발전의 목표를 달성하기 위하여 계획을 수립·집행하며, 계속적으로 사회변동에 대한 적응능력을 증진시키는 행정의 역할에 초점이 맞추어진 이론

② 특징

　㉠ 추구이념 : 효과성(목표달성도)

　㉡ 중시하는 행정변수 : 발전인

　㉢ 이론적 지향 : 처방성(문제해결지향) – 정치행정일원론

테마 16 ▶ 후기행태론 : 신행정론, 현상학

(1) 후기행태주의

행태주의의 현실처방성과 정책지향성 결여에 대한 비판으로, '적실성과 실천' 강조(D. Easton)

(2) 신행정론

① 1960년대 월남전과 흑인폭동 등의 사회문제에 대해, 행태주의에 대한 비판과 함께 행정학에서 가치주의를 강조(1968년 Minnowbrook회의 Waldo 중심), 새정치행정일원론

② 특징 : 사회적 형평중시(가치지향성, 규범적·처방적), (사회적 형평실현을 위한)행정인의 적극적 역할 강조, 고객지향성과 시민참여, 탈계층제, 정책 및 문제지향성을 주장

(3) 현상학적 접근방법 – 해석학, Harmon의 행위이론

① 사회현상 : 자연현상처럼 삶과 동떨어진 객체로 존재하는 것이 아닌, 그 속에 참여하는 사람들의 의식·생각·언어 등으로 구성되며 상호주관적인 경험으로 형성되는 것(구성주의)

② 따라서 '현상'에 대한 경험적 관찰에 한정하기 보다는, 인간행위이면에 깔린 행위자의 의도·의미를 고려할 때, 인간 행위에 대한 진정한 이해가 가능하다고 파악(과학적 연구방법보다 철학적 연구방법 중시), 미시적 접근

▶ 행태론과 현상학의 비교

기 준	행태론(객관주의)	현상학(주관주의)
존재론	실재론(Realism)	유명론(Nominalism)
인식론	논리적 실증주의	반실증주의
연구방법론	일반 법칙적	개별문제 중심적
패러다임의 주목적	행정현상의 설명과 예측, 연구의제의 구체화	이론 범주의 통합, 규범적 측면 강소, 행성의 개선
기술의 초점	인간의 행태	행위(행동＋의도)
설명양식	설명형태를 띰	행위자의 동기가 무엇인가에 관심
자아	수동적·원자적 자아	능동적·사회적 자아

(1) 의의

① 국가이론, 투표규칙, 투표자행태, 정당정치, 관료행태, 이익집단 등의 정치·행정현상에 경제학적인 분석도구를 적용하여(비시장적 의사결정에 대한 경제학적 연구), 주로 공공재 공급과정에서 나타나는 정부실패 설명
② 시민 개개인의 선호와 선택을 존중하는 공공재의 효율적 공급이 이루어지기 위한 시장의 경쟁원리(공공부문의 시장경제화)를 강조

(2) 기본가정과 특징

① 합리적·이기적 경제인 가정(정치인, 관료 : 사익을 추구하는 존재)
② 연역적 접근
③ 방법론적 개체주의(정치행위자 개인을 분석단위로 봄)
④ 시민요구에 부응하는 제도적 장치(유인장치)의 마련 : Ostrom「미국 행정학의 지적 위기」 – 민주적 행정이론

(3) 공공선택론의 주요 이론

① Ostrom의 민주행정 패러다임 : 공공재와 공공서비스의 효율적 공급을 위한 조직적 장치
  – 권한의 분산(분권)과 관할권의 중첩(경쟁), 수익자부담원칙, 다조직 장치를 제시
② Buchanan과 Tullock의 적정참여자수 모형 : 공공재공급을 위한 집합적 의사결정에서는 의사결정비용뿐만 아니라 외부비용(집행비용)도 고려하여야 하는데, 의사결정비용곡선과 외부비용곡선이 교차하는 점에 부합되는 의사결정규칙이 바람직
③ 투표의 교환(Log-Rolling) : 담합에 의하여 자신의 선호와는 무관한 대안에 투표하는 행동을 보이는 집단적 의사결정행태를 말한다. 예컨대 A와 B 두 대안은 각각 1명의 찬성자가 있으나 2인의 반대자가 있어 통과되기 어려울 때 A와 B 대안의 주장자가 상호지지를 약속하고 담합을 하면 두 대안 모두 통과가 가능하게 되는 전략
④ Arrow의 불가능성정리 : 투표에 의한 어떠한 사회적(집단적) 의사결정도 민주적인 동시에 효율적(합리적)이기가 불가능하다는 현상 – 합리성의 조건으로 첫째가 완비성과 이행성, 둘째로는 파레토 원칙, 셋째로는 제3의 선택가능성으로부터의 독립(독립성 원리)과 민주성의 조건으로는 비독재성이다. 이 네 가지 공리를 동시에 충족시키는 사회적 선호체계가 존재하지 않는다는 것이 불가능성정리의 내용
⑤ Niskanen의 관료예산극대화가설 : 관료들은 사익추구자이며 자신의 효용을 극대화하기 위해 예산확대를 추구하는 과정에서 공공서비스의 과다생산을 야기함

⑥ Dunleavy의 관청형성모형 : 정책결정에 큰 영향력을 행사하는 고위관료들은 자율성이 낮고 책임이 무거운 계선(Line)조직보다는 자율성이 높고 책임이 가벼운 참모(Staff)조직을 선호하기 때문에, 통제 대상이 되는 '정책집행 업무를 수행하는 계선조직'은 떼어내어 지방정부나 준정부조직으로 이양하고 '창의적으로 정책통제 업무를 수행하는 참모적 조직'으로 재편하고자 한다는 이론

⑦ 티부 – 발로 하는 투표가설 : 지방정부간 경쟁이 이루어질 수 있고, 시민의 선호표출(이동)이 가능하다면, 지방자치는 민주성 외에 효율성을 확보할 수 있다는 주장

▶ 티부가설의 전제조건

㉠ 다수의 지방정부 존재
㉡ 완전한 정보
㉢ 지역 간 자유로운 이동 – 완전한 이동
㉣ 규모의 경제 작용(X)
㉤ 외부효과의 부존재
㉥ 지방정부의 재원 – 재산세
㉦ 한 가지 이상의 고정적 생산요소 존재
㉧ 최적규모의 추구 – 규모가 크면 주민 유출, 작으면 주민 유입

(4) 공공선택론의 공헌

① 정부실패의 원인과 대책 마련
② 시민의 선호와 대응성 중시
③ 공공부문의 시장경제화
④ 지역이기주의와 외부효과 극복 가능성(← 관할권 중첩)

신제도론 – 제도와 인간

1. 의의

신제도론 : ① 정치·경제·사회현상이나 개인행위를 설명함에 있어서, 제도의 중요성(독립변수성)을 강조
② 제도와 개인행태와의 상호관계를 설명

2. 전통이론과 신제도론(구제도 ➡ 행태론 ➡ 신제도)

(1) 구제도와 행태론

구제도	행태론
① 1880년대 – 1920년대	① 1950–1960년대 행태주의 혁명
② 제도중심의 과학적 연구	② 비공식적 권력배분상태·태도·행태 연구
③ 공식적 국가기구 중심의 연구	③ 분석단위는 개인과 집단의 행태
④ 상이한 행정·입법구조의 비교	④ 경험연구를 통한 일반이론화·거대이론화 추구

(2) 구제도와 신제도

구 분	구제도론(법률·제도적 접근)	신제도론
제도의 개념	헌법, 국회, 행정부, 관료조직 등 공식적·법적인 정부제도	인간의 행위를 제약하는 공식적·비공식적 규범(규칙, 관행, 문화 등)
제도의 형성	외생적 요인에 의해 일방적으로 형성	제도와 행위자 간의 상호작용으로 형성
제도의 성격	제도는 독립변수	제도는 독립변수인 동시에 종속변수
연구방법	• 공식적인 제도에 대한 단순한 기술 • 정태적 연구	• 제도를 통해 개인의 행위 및 사회현상 설명 • 동태적 연구
접근법	거시주의 : 제도 자체만을 연구	거시와 미시의 연계 : 제도(거시)를 통하여 인간(미시)의 행위를 설명

(3) 신제도의 특징

① 제도는 인간의 유형화된 상호작용으로 개인행위를 제약하는 규범
② 제도와 개인의 상호작용(제도는 독립변수인 동시에 종속변수)
③ 제도는 공식적 규칙·법률 외에 규범과 관습과 같은 비공식적인 측면을 포함
④ 제도의 안정성·지속성(경로의존성·제도의 편향성)

3. 신제도론적 접근의 유파

(1) 합리적 선택 신제도주의
　① 제도 : 이익 극대화를 도모하는 '합리적인 개인'들의 전략적 상호작용의 결과물(균형점을 이루는 공유되
　　　는 전략, 유인체계) → 게임의 규칙, 집단행동의 딜레마 해결책
　② 주요 특징 : 제도는 합리적 행위자의 전략이나 보상함수를 변화시켜 인간의 행위를 제약하는 방식으로
　　　인간행위에 영향 − 방법론적 개체주의, 연역적 접근, 외생적 선호(개인의 선호는 선험적으로 결정), 공
　　　식적 제도에 초점

> **참고**　**합리적 선택 신제도주의의 주요 이론**
>
> 　① Dunleavy의 관청형성모형
> 　　합리적인 고위직 관료들은 예산과 같은 금전적인 효용보다는, 업무와 관련된 효용을 더 추구하여
> 　　'관청형성전략(민영화·분봉 등을 통해, 고위관료의 선호에 맞지 않는 기능을 준정부기관 등에 넘
> 　　김)'을 통해 자신의 이익극대화를 도모 → 행정책임 약화
> 　② 거래비용이론
> 　　㉠ 시장거래에는 필연적으로 다양한 거래비용이 존재하며, '기업조직 등의 경제적 제도들'은 거래
> 　　　비용을 절약하기 위해 발전된 것
> 　　㉡ 윌리암슨(Williamson)의 거래비용이론 : 거래에 수반되는 불확실성이 높고, 합리성의 제한
> 　　　정도가 심하고, 거래상대방의 기회주의적 행태가 발생할 가능성이 높고, 거래대상의 자산전속
> 　　　성이 높을수록, 거래비용은 높아짐
> 　③ 주인 − 대리인 이론

(2) 역사적 제도주의
　① 제도 : 인간의 의도적 선택의 산물이며, 역사적 과정의 결과이기도 함 → 제도가 형성되는 역사적 과정
　　　(제도의 경로의존성)을 중시하고, 이를 통해 국가 간 제도의 상이성과 정책패턴의 지속성을 설명하는 접
　　　근방법
　② 주요 특징
　　㉠ 정책연구에서의 역사와 맥락에 대한 강조
　　㉡ 지속성과 경로의존성 중시
　　㉢ 내생적 선호 : 각 개인의 선호는 주어진 것이 아니라 제도의 맥락 속에서 제도의 영향을 받아 내재
　　　적으로 형성된 것
　　㉣ 방법론적 전체주의, 귀납적 접근
　　㉤ 공식적 제도 중시
　　㉥ 정부 : 정치적 영역에 대한 상대적 자율성과 독립성을 강조

(3) 사회학적 제도주의

    ① 제도의 의의 : 제도의 개념을 가장 넓게 인식하며, 규칙·절차뿐만 아니라 상징체계·문화·관습 등 인간의 표준화된 행동을 낳는 것이면 모두 제도로 이해

    ② 제도의 형성 : 인간활동의 결과물이긴 하지만, 인간의 의도와는 관계없이 '사회문화적 정당성 측면에서 생성되고·동형화'됨 ➡ 사회의 문화와 같이 공동체의 구성원들이 지극히 당연시하면서 공유하고 있는 의미의 체계(문화적 관행) ➡ 문화적 접근

    ③ 제도는 사회적 존재인 개인을 둘러싸고 있는 사회적 환경과 상황에 대한 의미와 해석의 '인지적 틀'을 제공함으로써 개인행위에 영향

    ④ 주요 내용

        ㉠ 내생적 선호 : 개인의 선호는 주어진 것이 아니며 제도적 환경(전통·문화·관습) 속에서 형성

        ㉡ 제도적(문화적) 환경과 배태(내재)성 : 제도적 환경이 배태하고 있는 대로 선택하고 지속

        ㉢ 결과성(합리성)의 논리가 아닌 적절성의 논리

        ㉣ 비공식적 제도 중시

        ㉤ 방법론적 전체주의, 귀납적 접근

        ㉥ 문화·횡단면적 연구

▶ 신제도론의 유파 비교

구 분	합리적 선택 신제도론	역사적 신제도론	사회학적 신제도론
접근방법	경제학적 접근	정치학적 접근	사회학적 접근
강조점	균형점, 전략적 행위	경로의존성, 역사적 맥락	사회적 정당성, 동형화
초점	개인 중심	국가 중심	사회(조직) 중심
분석의 단위	개인(미시적, 개체주의)	제도(거시적, 전체주의)	
인간의 선호	외생적(외부에서 주어진 것)	내생적(내부에서 형성되는 것)	
제도의 변화	전략적 선택, 비용편익비교	외부적 충격, 결절된 균형	동형화의 과정
제도의 역할	거래의 안정성 제공, 거래비용 최소화	제도는 국가별 특성을 결정	인간행동을 구조화, 안정화
방법론	연역적, 일반화된 이론	귀납적, 비교 및 사례연구	귀납적, 경험적 연구
제도의 측면	공식적 제도에 초점		비공식적 제도에 초점

테마 19 ▶ 신공공관리론(NPM) - 효율성

(1) 의의

정부실패에 대한 대응 - 작지만 효율적인 정부 실현을 위한 정부혁신이론

(2) 신공공관리론의 원리

정부기능 재분배(Steering과 Rowing의 분리)하에 → Steering에 중점

① 시장주의 : 공공서비스 공급에 '경쟁원리와 고객주의'를 도입

　　㉠ 민영화와 민간위탁 → 작은 정부를 구현

　　㉡ 공·사경쟁성, 행정조직 내부에 경쟁요소를 도입 : 의무적 경쟁입찰제(CCT)

　　㉢ 고객주의의 적용 : 시민헌장제도, 총체적 품질관리, 행정편의보다 시민편의중시

　　㉣ 수익자부담 원칙의 강화, 규제완화

② 신관리주의(성과주의) : 내부규제의 완화와 분권화, 과정보다 결과중시

　　㉠ 전통적 행정관리방식인 규정·규칙·투입 중심적 행정관리방식에서, 성과나 사명중심(관리상의 자율성부
　　여하여 기업가적 관리 실현)으로 행정관리방식을 개선

　　㉡ 관료에 대한 유인구조의 변화를 통한, 성과주의·성과관리체제 구현 : 조직의 목표인 사명(Mission)의
　　명확한 설정 → 성과협약의 체결 → 성과측정 및 평가를 통한 통제

▶ 전통적 관료제정부와 기업가적 정부의 비교

전통적 관료제		기업가적 정부(NPM)	10대 원리
노젓기(Rowing)	→	방향잡기(steering) 역할	촉매적 정부
직접 제공(Service)	→	할 수 있는 권한 부여	지역사회가 주도하는 정부
독점 공급	→	경쟁 도입	경쟁적 정부
규칙중심 관리	→	임무중심 관리	임무(사명)지향 정부
투입중심	→	성과중심	성과(결과)지향 정부
관료중심	→	고객중심	고객지향 정부
지출지향(지출절감)	→	수익창출	기업형 정부
사후대처	→	사전예측과 예방	예방적 정부
집권적 계층제(명령과 통제)	→	참여와 팀워크(협의와 네트워크 형성)	분권적 정부
행정메커니즘	→	시장메커니즘	시장지향적 정부

(3) 기업가적 정부구현을 위한 5C전략(Osborne과 Plastrick)

정부개혁수단	전략	접근방법
목적	핵심전략(Core strategy)	목적의 명확성, 역할의 명확성, 방향의 명확성
유인체계	성과전략(Consequence strategy)	경쟁관리, 기업관리, 성과관리
책임성	고객전략(Customer strategy)	고객의 선택, 경쟁적 선택, 고객 품질 확보
권한	통제전략(Control strategy)	조직권한 이양, 공무원권한 이양, 지역사회권한 이양
문화	문화전략(Culture strategy)	관습타파, 감동정신

(4) 신공공관리론의 한계

① 사회계층간 형평성 저해
② 공행정과 사행정의 근본적 차이 무시 – 공익과의 충돌
③ 행정의 민주성 저해 – 행정에 대한 외부통제 곤란, 시민을 고객으로 간주
④ 정부활동에 대한 성과측정의 어려움

(5) 탈신공공관리론

① 의의 : 신공공관리론적 행정개혁이 분절화현상 등으로 인하여 조정 및 정치적 통제훼손 등의 문제를 야기함에 따라 통치역량을 강화하며, 정치·행정체제의 통제와 조정을 개선하기 위해 재집권화, 재규제, 구조적 통합을 통한 분절화의 축소 등을 주장하는 일련의 개혁의 흐름
② 내용
  ㉠ 재집권화, 재규제의 주창
  ㉡ 구조적 통합을 통한 분절화의 축소
  ㉢ 총체적 정부 및 합체된 정부의 주도
  ㉣ 중앙정부의 정치·행정적 역량 강화 및 조정능력 증대
  ㉤ 민간과 공공부문의 파트너십 강조
  ㉥ 역할 모호성 제거 및 명확한 역할관계 설정

테마 20 ▶ 뉴 거버넌스 – 연계망(Network)

(1) 의의

① 달라진 환경과 정부 역할 변화에 따라 나타난 '새로운 국가운영체제'

② 전통적인 국가 운영체제인 Government가 국가의 배타적 지배에 근거한 정부의 단독행위에 의한 행정 수행체제임에 반해, 새로운 국가 운영체제로서의 Governance는 국가 이외의 시장, 시민사회 등 공동체 운영 주체들의 참여에 근거한 이들 간의 네트워크(Network) 또는 파트너십(Partnership)을 통한 행정 수행체제

③ 공공서비스 연계망(Network)으로서의 Governance

㉠ 정부기관만이 아니라 다수의 비정부조직과 개인들이 공공서비스 공급에 참여하고

㉡ 이들 간에 계층제적 위계가 아닌 연계망(Network)이 형성되고

㉢ 연계망의 참여자들은 상호 신뢰(Trust)의 기반위에 협력의 관계를 유지

(2) 거버넌스의 주요내용

① 추구하는 가치–민주성과 효율성 ② 다양한 정부 및 비정부조직의 참여

③ 연결망 ④ 사회적 자본으로서의 신뢰

⑤ 총체적 공사 파트너십 ⑥ 민주적 정치과정 중시

(3) Peters의 '뉴' 거버넌스에 기초한 4가지의 정부개혁모형

구분	전통적 정부모형	시장적 정부모형	참여적 정부모형	신축적(유연조직) 정부모형	탈내부규제(저통제) 정부모형
문제의 진단기준	전근대적 권위	독점	계층제	영속성	내부규제
구조의 개혁방안	계층제	분권화	평면조직	가상조직	(특정제안 없음)
관리의 개혁방안	직업공무원제, 절차적 통제	성과급, 민간부문기법	총품질관리, 팀제	가변적 인사관리	관리재량권 확대
정책결정의 개혁방안	정치·행정의 구분	내부시장, 시장적 유인	협의·협상	실험	기업가적 정부
공익의 기준	안정성, 평등	저비용	참여, 협의	저비용, 조정	창의성, 행동주의

▶ 신공공관리론과 뉴 거버넌스의 비교

	신공공관리론	뉴 거버넌스론
유사점	① 서비스전달이라는 노젓기(Rowing)보다는 정책결정이라는 방향잡기(Steering) 중시 ② 정부실패를 배경 ③ 투입보다는 산출에 대한 통제 강조	
차이점	① 결과에 초점 ② 신자유주의에 기초 ③ 시장과 경쟁 및 소비자들의 선택에 의한 조정 ④ 고객으로서의 국민 ⑤ 조직 내 관계를 다룸	① 과정에 초점 ② 공동체주의에 기초 ③ 신뢰, 협조에 의한 조정 ④ 시민(주인)으로서의 국민 ⑤ 조직 간 관계를 다룸

테마 21 ▶ 포스트모더니즘

(1) 의의

포스트모더니즘은 인간의 이성과 과학의 무한한 힘을 믿었던 근대적 세계관이 무너지는 과정에서 나타난 현상으로 전체성 해체, 독자적 개체의 인정 등 한마디로 해체와 해방을 의미한다. 또한 보편적 진리보다는 시대와 상황에 따라 적용되는 진리가 다르다는 맥락의존적 진리를 강조한다.

(2) 지적 특성

① 구성주의 – 우리가 발견할 수 있는 객관적 사실이 있다고 보는 객관주의를 배척하고 사회적 현실은 우리들의 마음속에서 구성된다고 보는 구성주의 지지
② 상대적, 다원적인 세계관 – 보편주의와 객관주의를 비판하고 지식의 상대주의 주장
③ 해방주의적 성향 – 개인들은 조직과 사회적 구조의 지시와 제약으로부터 해방되어야 한다고 주장

(3) 파머(D. Farmer)의 반관료제 이론(포스트모더니즘)

① 파머는 관료제도를 중심으로 한 근대 행정이론을 과학주의, 기술주의, 기업주의 등으로 규정하면서 이를 비판적으로 해석
② 포스트모더니즘 행정이론을 상상, 해체(탈구성), 탈영역화(영역해체), 타자성 등을 중심으로 제시하고 있다. 특히, 타자성의 개념을 통하여 타인을 하나의 대상으로서가 아니라 도덕적 타인으로 인정하고 개방적인 태도를 가져야 한다는 점을 강조

테마 22 ▶ 신공공서비스론(NPS) - 민주성

(1) 의의

① 개념 : 행정에서 중요한 것은 '행정업무 수행에서의 효율성'이 아니라 '시민들에게 보다 나은 삶을 보장'하는 것이라고 보고 행정이 소유주인 시민을 위해 봉사하도록 시민 중심의 공직제도를 구축하고자 하는 행정개혁운동

② 이론적 기초 : 민주적 시민주의, 사회공동체주의, 담론이론, 조직인본주의, 포스트모더니즘

(2) 신공공서비스론의 7가지 원리

① 행정의 역할 : 봉사하는 정부 - "방향잡기보다 시민에게 봉사한다."
② 행정의 주요가치 : 공익의 중시 - "공익은 부산물이 아니라 목표이다."
③ 행정의 활동방식 : 전략적 사고와 민주적 행동 - "전략적으로 생각하고 민주적으로 행동한다."
④ 행정의 대상 : 시민에 대한 봉사 - "고객이 아니라 시민에게 봉사한다."
⑤ 행정의 책임 : 책임의 다원성 - "책임은 단순하지 않다."
⑥ 인간에 대한 시각 : 인간존중 - "생산성만을 중시하는 것이 아니라 사람을 존중한다."
⑦ 가치에 대한 시각 : "기업가정신보다 시티즌십(시민정신)과 공공서비스를 중시한다."

(3) 평가

민주행정의 규범적 모델을 제시했지만, 이를 실현하기 위한 구체적 처방은 제시하지 못함

▶ 각 패러다임의 비교

구 분	전통행정이론	신공공관리론	신공공서비스론
이론과 인식의 토대	초기의 사회과학	• 신고전파 경제이론 • 드러커의 성과관리론	• 민주주의이론 • 실증주의, 해석학, 비판이론, 포스트모더니즘 등 복합적
합리성모형과 행태모형	• 개괄적 합리성 • 행정인	• 기술적·경제적 합리성 • 경제인 또는 자기이익에 기초한 의사결정자	• 전략적 합리성 • 정치적·경제적·조직적 합리성에 대한 다원적 검증
공익에 대한 입장	법률에 의한 정치적 결정	개인 이익의 총합	공유가치에 대한 담론의 결과
관료의 반응 대상	고객과 유권자	고 객	시 민
정부의 역할	노젓기	방향잡기	서비스 제공과 봉사
책임에 대한 접근양식	위계적 : 행정인은 민주적으로 선출된 정치지도자에게 책임	시장지향적책임 : 개인 이익의 총합은 시민에게 바람직한 결과 창출	다면적 책임 : 법, 지역공동체의 가치, 정치규범, 전문성, 시민의 이익 존중
관료의 동기유발수단	보수의 편익	기업가 정신	사회봉사욕구

공공가치관리론

(1) 대두배경과 주요특징

① 대두배경 : 1980년대 정부실패의 문제를 해결하기 위해 효율성과 경쟁원리에 기반 한 신공공관리론은 공공부문의 근본적 가치인 책임성, 민주성 등의 기반을 약화시켰다. 이러한 행정의 공공성 약화를 극복하기 위한 대안적인 패러다임으로 공공가치관리론이 등장

② 주요특징 : 시민과 이해관계자의 관여와 이들과 공무원 간 숙의 민주주의 과정을 통한 공공가치의 결정, 공공가치의 창출, 그 결과에 대한 평가가 이루어질 때 행정의 정당성을 강화할 수 있으며, 정부가 시민의 신뢰를 창출할 수 있다.

③ 공공가치에 관한 연구 : 무어(M. Moore)의 공공가치창출론, 보우즈만(B. Bozeman)의 공공가치실패론

(2) 무어(M. Moore)의 공공가치창출론

① 의의 : 무어(M. Moore)의 공공가치창출론은 민주적으로 선출되어 정당성을 부여 받은 정부의 관리자들은, 공공자산을 활용하여, 시민을 위한 공공가치를 창출해야 한다.

② 공공가치창출을 위한 세 가지 전략적 관점

　㉠ 정당성과 지원의 확보 : 시민의 지지 및 정당성, 선출직 대표에 대한 책무성, 시민사회와의 관계

　㉡ 공공가치의 생성 : 조직의 비전과 미션, 전략목표, 목적과 산출물 사이의 연계성, 정부에 대한 신뢰

　㉢ 운영 역량의 형성 : 재정적 역량, 인적자원의 역량, 조직혁신 역량, 조직의 생산성

▶ 각 패러다임의 비교

구 분	전통행정이론	신공공관리론	공공가치관리론
공익	정치인이나 전문가가 정의	개인 선호의 집합	숙의를 거친 공공의 선호
성과목표	정치적으로 정의	효율성 : 고객 대응성과 경제성 보장	공공가치 달성 : 서비스제공, 만족, 신뢰 및 정당성
책임성 확보	정치인에 대한 책임, 정치인을 통한 의회에 대한 책임	성과에 대한 책임, 고객에 대한 책임	다원적 책임 : 정부감시자로서 시민, 사용자로서 고객
서비스 전달체계	계층조직	민간조직, 책임운영기관	대안적 전달체계 선택 : 공공기관, 책임운영기관, 민간기업
관리자의 역할	규칙과 절차의 준수보장	동의하는 성과목표를 정의하고 달성	숙의 절차와 전달 네트워크를 운영·조정하고 전체 시스템의 역량유지에 기여
공공서비스 정신	공공부문이 독점	공공서비스 정신에 대해 회의적	공공서비스 정신 독점보다는 공유한 가치를 통한 관계유지가 중요
민주적 과정의 기여	책임성의 전달	목표의 전달	대화의 형성과 전달

(3) 보우즈만(B. Bozeman) 의 공공가치실패

① 개념 : 시장 메커니즘이 효율적으로 작동하고 있음에도 불구하고 본질적 가치를 제공하지 못하는 실패 현상
② 공공가치의 핵심 : 인간의 존엄성, 지속가능성, 시민참여, 개방성과 기밀성, 타협, 온전성
③ 공공가치실패의 기준

실패기준	개념 정의
가치의 표출과 결집 메커니즘의 왜곡	공공가치의 결집을 위한 의사소통 및 공공가치 처리에 필요한 정치적 과정과 사회적 응집력이 부족함
불완전 독점	정부 독점이 공익에 부합해도 재화와 서비스를 민간이 공급하는 것 허용
혜택 숨기기	공공재화와 서비스제공이 전 국민에게 제공되는 것이 제한되고 특정 개인 혹은 집단에 집중됨
제공자의 부족	공공재화와 서비스를 공공적 방법에 의해 제공키로 하였음에도 불구하고 제공자를 확보할 수 없어 서비스 또는 재화를 제공하지 못함
단기적 시계	장기적 시계에 따른 일련의 행위가 공공가치에 반하는 것이 예상될 경우 단기적 시계에 따른 대안이 선택됨
자원의 대체 가능성 대 자원 보존	만족할 만한 수준의 대체 가능성이 없는 경우에는 보전해야 함에도 정책은 대체 가능성에 초점을 맞추고 서비스를 제공함
최저 생활과 인간존엄에 대한 위협	최저생활과 같은 근본적이고 핵심적인 가치의 훼손

(1) 개념 및 대두 배경

① 개념 : 넛지이론은 실제의 인간행동에 관한 행동경제학의 통찰을 정부의 정책 설계 및 집행에 적용하고 응용하기 위한 이론

② 대두배경 : 행동적 시장실패를 해결하기 위한 정부역할의 필요성에 관한 규범적 근거(자유주의적 개입주의)와 이에 적합한 정책수단(선택설계)을 제시하고자 전개된 이론

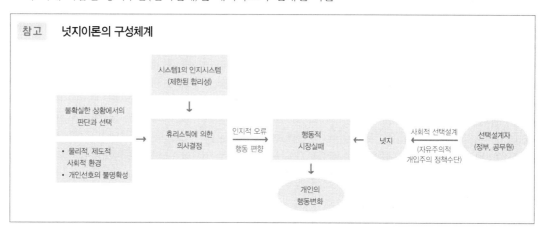

참고   넛지이론의 구성체계

(2) 주요내용

① 인간의 사고체계와 행동적 시장실패

② 행동적 시장실패를 해결하기 위한 넛지의 특성

    ㉠ 넛지이론의 핵심주장 : 정부는 사람들의 선택의 자유를 존중하면서 보다 나은 의사결정을 하도록 도와줄 수 있다는 것(자유주의적 개입주의)

    ㉡ 넛지는 기본적으로 간접적이고 유도적인 방식의 정부개입방식으로서 촉매적 정책수단의 성격

    ㉢ 넛지는 엄격하게 검증된 증거에 기반하여 정책을 선택하거나 결정하는 것을 강조

    ㉣ 넛지는 급진적 점증주의(단절적 변화로 보이는 많은 혁신적 변화가 사실은 지속적이고 부단한 소규모 변화가 누적된 결과)관점에 기초

③ 넛지를 활용한 정책설계

    ㉠ BASIC(Behaviour – Analysis – Strategy – Intervention – Change)모델

    ㉡ 넛지 수단의 적합성 – 단순성과 편의성 제고, 매력적 요인의 창출, 사회규범 및 선호의 활용, 시의성 확보

④ 신공공관리론과 넛지이론의 비교

구 분	신공공관리론	넛지이론
이론적 학문의 토대	신고전학파 경제학, 공공선택이론	행동경제학
합리성	완전한 합리성, 경제적 합리성	제한적 합리성
정부역할의 이념적 기초	신자유주의, 시장주의	자유주의적 개입주의
정부역할의 근거와 한계	시장실패와 제도실패, 정부실패	행동적 시장실패와 정부실패
공무원상	정치적 기업가	선택설계자
정부정책의 목표	고객주의, 개인의 이익증진	행동변화를 통한 삶의 질 제고
정책 수단	경제적 인센티브	넛지
정부개혁모델	기업가적 정부	넛지 정부

(3) 한계

넛지이론은 국가의 가부장적 개입을 확대하기 위한 근거논리로 작용할 수 있다는 지적과 넛지정책의 효과가 단기간에 소멸되어 장기적이고 지속가능한 행동 변화를 보장하지 못한다는 비판이 제기된다.

(1) 의의

① 행정이념이란 행정이 추구하는 기본적 방향을 의미하는 것으로 행정의 모든 과정에 기본적인 지침을 제공해주는 역할을 수행하는 행정의 가치를 나타냄

② 기능

　㉠ 행정의 방향·지침 제시

　㉡ 모든 행정활동에 대한 평가기준 제공

　㉢ 행정의 존재가치 부여

　㉣ 의사결정에서 합리적인 가치판단의 기준으로서의 역할

(2) 분류

① 본질적 행정가치(행정을 통해 이룩하고자 하는 궁극적 가치) : 공익, 정의, 형평, 자유, 평등, 복지 등

② 수단적 행정가치(본질적 가치를 달성하기 위한 수단이 되는 가치) : 합법성, 능률성, 민주성, 효과성, 생산성, 합리성, 투명성, 신뢰성, 가외성 등

③ 가치의 본질 – 상대론과 절대론

　㉠ 상대론(목적론, 결과론) : 상대론은 옳고 그름을 판단하는 보편적 원칙은 존재하지 않는다고 보며 행위의 결과와 목적에 따라 옳고 그름을 판단(공리주의입장)

　㉡ 절대론(의무론) : 절대론은 옳고 그름은 행위의 동기를 기준으로 선험적으로 존재하는 보편적 원칙의 준수여부에 따라 판단(칸트, 롤스의 정의론)

④ 사회적 가치 : 사회구성원들의 권리, 자유, 권한, 기회, 그리고 소득이나 재산 등과 관련된 가치들, 공공의 이익과 공동체의 발전에 기여할 수 있는 가치(공공기관의 사회적 가치 실현에 관한 법안)

　㉠ 사회적 가치도 시대성을 반영하여 변화의 가능성을 지님

　㉡ 사회적 가치의 구현은 사회의 질에 대한 변화를 의미

　㉢ 사회적 가치의 추구는 가치의 규범적 추구만이 아니라, 경제적 효율성도 동시에 고려

(3) 행정이념의 변천

시기	19C 입법국가시대	19C말 행정관리설	1930년대 통치기능설	1950년대 행태론	1960년대 발전행정론	1970년대 신행정론	1980년대 신공공관리론	1990년대 뉴거버넌스
이념	합법성	기계적 능률성	민주성 (사회적 능률성)	합리성	효과성	사회적 형평성	생산성· 효율성	민주성· 신뢰

테마 26 ▶ 공익에 대한 접근

(1) 의의

① 의의 : 공익이란 공공의 이익이며, 행정의 최고가치로 정치행정일원론을 배경으로 등장

② 성격 : 규범성, 상대성, 역사적·동태성, 사회적 기본가치 반영

(2) 실체설(적극설, 규범설)

① 의의 : 공익은 사익과 구별되어 선험적·객관적으로 존재하는 규범적·도덕적 실체로 보는 입장

② 특징

　㉠ 규범적·선험적 공익관 : 사익을 초월한 존재로서의 선험적 공익이 존재

　㉡ 공익우선주의 : 사익보다 공익을 더 중시하는 전체주의·집단주의의 관점

　㉢ 엘리트론과 합리모형 : 공익은 엘리트 관료에 의해 결정되며 합리모형과 관련

　㉣ 공동체적 관점에서 공익을 정의하므로 지나친 집단이기주의를 극복하는 기준제시

(3) 과정설(소극설)

① 의의 : 공익이란 사익의 총합이거나 사익 간의 타협의 산물로 보는 입장

② 특징

　㉠ 현실적(경험적)·절차적 공익관 : 공익은 현실의 정책과정에서 형성

　㉡ 사익우선주의 : 개인주의·자유주의·다원주의에 입각한 공익관

　㉢ 민주적 공익관과 점증모형

　㉣ 정부와 관료의 역할은 중립적 심판자로서 소극적

▶ 실체설과 과정설의 비교

실체설	과정설
적극설	소극설
전체주의	개인주의
규범적·선험적	현실적·경험적
공익≠사익의 합	공익=사익의 합
합리모형	점증모형
개발도상국 – 엘리트주의의 관점	선진국 – 다원주의의 관점
공동체주의적 공익관	개인주의·자유주의 공익관
플라톤, 아리스토텔레스, 루소, 롤스 등	홉스, 슈버트, 흄 등

(1) 사회적 형평

구분	수평적 공평	수직적 공평
개념	같은 것은 같게	다른 것은 다르게
정책	비례세, 실적제, 병역의무 등	누진세, 대표관료제 등

(2) 이론적 근거 – Rawls의 정의론 : 자유주의와 사회주의 양극단을 지양하는 중도주의

① 의의 – 공정성으로서의 정의 : 롤스에 의하면 사회의 가치는 평등하게 배분되어야 하며, 가치의 불평등한 배분은 그것이 사회의 최소약자에게 유리한 경우에만 정의롭다. 따라서 롤스의 정의는 선으로서의 정의가 아닌 공정성으로서의 정의이다. 또한 결과보다는 과정(원리)의 옳음에 기초를 둔다는 점에서 가치에 대한 의무론에 입각하고 있다.

② 정의의 원리
  ㉠ 정의의 제1원리(자유의 정의 – 기본적 자유의 평등 원칙)
  ㉡ 정의의 제2원리(분배의 정의 – 차등조정의 원칙)
    ⓐ 공정한 기회 균등의 원리(기회의 공평)
    ⓑ 차등조정의 원리(결과의 공평 – Maximin : 최소극대화의 원리)

③ 정의의 원리 간의 우선순위 : 롤스는 위의 원리가 충돌할 때에는 제1원리가 제2원리에 우선하고, 제2원리에서는 기회균등의 원리가 차등조정의 원리에 우선한다고 주장

(3) 관련 이론

구분	평등이론	실적이론	욕구이론
지향	가치의 동등배분	사회 공헌도에 따른 분배	구성원의 필요·욕구
이념	–	신자유주의, 신보수주의	사회주의, 진보주의(Rawls)
초점	사회적 권리	절차 공정성(기회균등)	획일성과 형식적 평등지양
정책	최저임금제, 사회보장제, 의무교육, 누진세제 등	공정 경쟁을 위한 경제규제 (독과점 규제 등)	연금제도, 공적부조, 실직수당 등

테마 28 능률성과 민주성

(1) 능률성

① 기계적 능률 : 수량적인 대차대조표식 능률(정치행정 이원론과 과학적 관리론에서 중시)
② 사회적 능률 : 행정의 사회목적 실현과 다원적인 이익들 간의 통합·조정, 조직 내부에서 인간적 가치의 실현(인간관계론과 통치기능설에서 강조) - Dimock

(2) 민주성

대외적 민주성	대내적 민주성
• 대응성 및 책임성 제고 • 행정윤리의 확립 • 시민참여 및 민관협력체제 구축 • 행정구제제도의 확립 : 행정쟁송절차제도, 공개제도, 옴부즈만제도 등 • 관료제의 대표성 확보 : 대표관료제	• 민주적 조정 및 커뮤니케이션 활성화 : 하의상달, 제안제도, 상담 • 민주적 관리 : Y이론적 관리, 분권화, 권한 위임, 민주적 리더십 등 • 참여관리 : MBO 등 • 공무원 능력발전 : 교육훈련, 근무성적평정 등

(3) 능률성과 민주성

① 민주성(목적적 가치)과 능률성(수단적 가치)을 상호보완적 관계로 이해
② 현대행정에서 가장 중시되는 양대 이념은 능률성과 민주성이며 행정에 있어서 모든 대립적인 요소는 결국 민주성과 능률성의 조화문제로 귀결

(4) 합리성

① 개념 : 어떤 행위가 궁극적 목표 달성의 최적 수단이 되느냐의 여부
② H. Simon의 합리성

내용적 합리성	㉠ 목표성취에의 기여 여부, ㉡ 결과적·객관적 합리성
절차적 합리성	㉠ 이성이나 인지력과 결부된 합리성, ㉡ 결과보다는 주관적·과정적 합리성

③ P. Diesing의 합리성

기술적 합리성	목표를 성취하기 위한 적합한 수단 – 효과성
경제적 합리성	비용·편익을 측정하여 경쟁적 대안 평가 – 능률성
사회적 합리성	사회체제의 구성요소 간의 조화로운 통합성 – 갈등조정장치
법적 합리성	예측가능성, 공식 질서, 대안의 합법성
정치적 합리성	정책결정구조의 합리성 – 다수결의 원리

(1) 효과성

① 의의 : 효과성은 조직이 의도한 목표를 달성한 정도를 의미

② 효과성 측정모형

ㄱ 목표모형 : 목표달성측면에서 효과성 평가

ㄴ 체제자원모형 : 목표달성수단(자원)에 따라 효과성 평가

ㄷ 경합가치모형(경쟁적 가치 접근법)

구분	조직(외부)	인간(내부)
통제	합리적 목표모형(과업지향문화) 목표 : 생산성과 이윤	내부과정모형(위계지향문화) 목표 : 안정성과 균형
유연성	개방체제모형(혁신지향문화) 목표 : 성장 및 자원확보	인간관계모형(관계지향문화) 목표 : 인적자원 개발

ㄹ Quinn과 Cameron은 조직의 성장단계에 따라 적당한 모형이 달라진다고 주장

ⓐ 조직의 창업단계 – 개방체제모형

ⓑ 집단공동체단계 – 인간관계모형

ⓒ 공식화단계 – 내부과정모형 및 합리적 목표모형

ⓓ 구조의 정교화단계 – 개방체제모형

(2) 효율성

① 의의 : 최소의 투입으로 최대의 산출(능률성)을 기하되, 그 산출이 목표에 기여(효과성)하는 정도

② 대두배경 – 신공공관리론 : 정부실패를 극복하기 위한 이념으로 강조

③ 관련개념

ㄱ 파레토 최적 : 어느 누구의 후생을 감소시키지 않고는 다른 누구의 후생도 증대되는 것이 불가능한 자원의 배분상태

ㄴ 칼도– 힉스 기준 : 특정정책의 시행으로 사회 전체적으로 발생한 총효용이 총손실보다 크다면 효율적이라고 판단

ㄷ 비용편익분석

테마 30 ▶ 가외성

(1) 의의

① 개념 : 불확실성(위기)에 대비하기 위한 행정의 여유분

② 내용

㉠ 중첩성 : 하나의 기능을 공동으로 관리(상호의존, 협력) - 창의성

㉡ 반복성 : 동일한 기능을 여러 기관이 독자적으로 수행 - 정확성

㉢ 동등잠재력(등전위현상) : 주된 기관이 제 기능을 못할 때를 대비한 보조 장치 - 보완

- 가외성 장치 : 권력분립, 양원제, 삼심제, 위원회, 계선과 막료, 연방제도 등
- 가외성 장치가 아닌 것 : 만장일치, 계층제(일사분란한 명령체계)

(2) 가외성이 정당화되는 근거

① 불확실한 상황에서의 정책결정 - 소극적 대처방안

② 조직의 신경구조성(Holon적 구조)

③ 조직의 체제성

④ 감축관리와의 조화

(3) 가외성의 기능과 한계

① 기능

㉠ 조직의 신뢰성과 안정성 증진

㉡ 환경변화에 대한 조직의 적응성 제고

㉢ 조직의 창의성 제고

㉣ 정보의 정확성 확보

㉤ 목표의 전환현상의 완화

② 한계

㉠ 중복된 기능수행으로 비용 증가 - 능률성(경제성) 저해

㉡ 유사기능을 여러 기관이 수행함으로써 조직간 갈등·충돌·대립 등의 문제 야기

㉢ 책임한계 모호

사회적 자본과 투명성

(1) 사회적 자본

① 사회적 자본의 원천
  ㉠ 네트워크(Network) : 다양한 자발적 결사체의 네트워크에 대한 시민참여는 밀도 높은 수평적 상호작용을 대표하며, 사회자본의 본질적 형태
  ㉡ 규범(Norms) : 규범은 개인 간 혹은 집단 간에 공유된 의미체계 등을 의미하며 호혜성을 기본 속성으로 함
  ㉢ 신뢰(Trust) : 신뢰는 상호작용의 과정을 통해 형성된 대인적 관계를 의미하며, 구성원들간의 상호관계를 강화하는 역할

② 사회적 자본의 특징
  ㉠ 이익이 공유되는 특성
  ㉡ 등가물의 교환이 아님
  ㉢ 교환의 동시성을 전제하지 않음(동시에 주고받는 관계가 아님)
  ㉣ 경제적 가치를 지닌 자본
  ㉤ 공공재적 성격(구성원의 공동소유)
  ㉥ 상향적으로 형성

③ 사회적 자본의 기능
  ㉠ 사회적 자본은 신뢰를 통해 거래비용 감소
  ㉡ 주민의 자발적 참여와 신뢰에 기반 한 주민 간의 규범 및 네트워크의 형성은 정부성과에 긍정적 영향
  ㉢ 사회적 자본은 집단행동의 딜레마를 극복할 수 있는 방법을 제공하는 자원
  ㉣ 사회적 자본은 구성원 간 협력 촉진
  ㉤ 사회적 자본의 형성은 경제발전에 기여

(2) 투명성

① 투명성 : 공무원의 부패를 방지하기 위한 중요한 가치
② 투명성의 세가지 측면
  ㉠ 과정의 투명성 : 개방적 의사결정과정
  ㉡ 결과의 투명성 : 결정된 의사결정이 제대로 집행되고 있는가
  ㉢ 조직의 투명성 : 조직 자체의 개방성과 공개성

PUBLIC
ADMINISTRATION

제 02 장

정책론

정책과 정책학

(1) Lasswell의 「정책지향(1951)」 민주주의 정책학

정책과정의 합리성 제고 ← 정책과정에 관한 지식(정책의제설정론, 정책결정론, 정책집행론 등 실증적 지식)과 정책과정에 필요한 지식(바람직한 정책결정을 위한 정책분석론과 정책평가론 등 규범적·처방적 지식)의 제공

(2) 등장배경

1960년대 미국의 월남전과 흑인폭동 등 사회문제의 폭발과 후기행태주의의 대두 → 현대적 의미의 정책학(현실문제해결에 적합한 처방적 지식의 탐구) 등장

(3) 정책의 개념적 요소와 구성요소

① 정책 : 사회문제를 해결하기 위해 권위 있는 정부기관에 의해 공식적으로 결정한 행동방침
② 개념적 요소
    ㉠ 정책의 주체 – 정부
    ㉡ 정책의 목적 – 사회문제의 해결
    ㉢ 정책의 내용 – 미래지향적 행동방침
③ 구성요소
    ㉠ 정책목표 : 정책이 달성하려는 미래의 바람직한 상태
    ㉡ 정책수단 : 정책목표를 달성하기 위한 행동방안
    ㉢ 대상집단 : 수혜자집단과 정책비용부담집단

(4) 정책의 영향요인

① 가치, 이데올로기, 문화
② 법, 정책 등 공식적 제도
③ 정치체계와 이해관계자

테마 02 ▶ 정책수단(행정수단)

(1) 직접성 정도에 따른 정책수단(공공 vs 민간)

직접성	행정수단	효과성	효율성	형평성	관리 가능성	정당성 (정치적 지지)
낮음	손해배상책임법, 보조금, 대출보증, 정부출자기업, 바우처	낮음	높음	낮음	낮음	높음
중간	조세지출, 계약, 사회적 규제, 벌금	낮음	중간	낮음	낮음	높음
높음	보험, 직접 대출, 경제적 규제, 정보제공, 공기업, 정부소비	높음	중간	높음	높음	낮음

(2) 강제성 정도에 따른 정책수단(강제 vs 자발적 협력)

강제성	행정수단	효과성	효율성	형평성	관리 가능성	정당성 (정치적 지지)
낮음	손해배상책임법, 조세지출, 정보제공	낮음	중간	낮음	중간	높음
중간	바우처, 보험, 보조금, 공기업, 대출보증, 벌금, 직접 대출, 계약	중간	높음	중간	중간	중간
높음	경제적 규제, 사회적 규제	높음	높음/낮음	높음	낮음	높음/낮음

> **참고** **피터스(Peters)**
>
> 정책 수단 선택에 영향을 미치는 정치적 요인 – 이익, 이념, 개인(정책창도자), 기존 제도, 국제환경(신자유주의)

▶ 정책의 유형 분류 : 정책 – 독립변수(정책유형에 따라 정책과정이 달라짐)

알몬드와 파웰(Almond & Powell)	분배정책, 규제정책, 추출정책, 상징정책
로이(Lowi)	분배정책, 규제정책, 재분배정책, 구성정책
샐리스버리(Salisbury)	분배정책, 규제정책, 재분배정책, 자율규제정책
리플리와 프랭클린(Ripley & Franklin)	분배정책, 경쟁적, 보호적 규제정책, 재분배정책, 외교·국방정책

(1) Lowi의 분류

정책유형에 따라 정책결정과정이 달라짐

강제력의 적용영역 강제력의 행사방법	개별적 행위	행위의 환경
간접적(원격적)	분배정책 (19C 토지정책)	구성정책 (선거구조정)
직접적(즉시적)	규제정책 (과대광고규제)	재분배정책 (사회보장정책)

① 분배정책 : 특정한 개인·집단에게 이익이나 서비스를 주는 정책 ➡ 수혜집단들의 갈라먹기식 정치(Pork–barrel politics : 구유통정치)나 상부상조(Log–rolling : 투표담합)가 이루어짐(SOC 건설, 지방자치단체에 국고보조금 지급 등), 개별화된 의사결정의 성격

> 참고 **로그롤링과 돼지구유통 정치**
> * 로그롤링(Log–rolling) –담합 : 의회 위원회에서 의원 간의 이해관계에 따라 투표담합이 많이 발생되며 이에 따라 비효율적인 정책지출이 이루어지는 경향이 많다.
> * 돼지구유통 정치(**Pork–barrel politics**) – 경쟁 : 분배정책의 세부결정 과정에서는 서로 혜택을 많이 차지하려고 경쟁하는 '돼지 구유통 싸움' 현상이 발생한다.

② 규제정책 : 수혜집단과 비용부담집단 간에 갈등과 흥정·타협 ➡ 다원론적 정책과정(환경오염 규제, 독과점 규제, 진입규제, 공공요금 규제 등), 재산권 행사
③ 재분배정책 : 이데올로기적 논쟁과 계급대립적 성격, 사회적 합의형성 과정에서 정치지도자의 역할이 중시 ➡ 엘리트론적 정책과정(누진소득세, 임대주택의 건설, 사회보장정책 등), 재산자체
④ 구성정책 : 선거구의 조정, 정부조직 신설이나 변경, 공직자의 보수·연금에 관한 정책

구분	개념	특징	주도집단
분배정책	서비스 배분(개별화된 정책)	포크배럴, 로그롤링	의회
규제정책	제약과 통제	다원주의(포획, 지대추구)	이익집단
재분배정책	부의 이전	엘리트이론	엘리트
구성정책	행정체제 정비	게임의 법칙	정당

(2) Ripley & Franklin

① 경쟁적 규제정책
  ㉠ 개념 : 이권이 걸려 있는 특정서비스를 개인이나 기업체에 부여하면서, 동시에 일정한 규제를 가하는 정책(항공노선배정, 이동통신사업자 선정 등)
  ㉡ 특성 : 특정 개인이나 기업, 단체 등에 서비스나 용역에 대한 독점적 공급권을 인허가를 통하여 부여하는 한편, 이들에게 특별한 규제(서비스 가격에 대한 통제나 서비스 공급의무)를 가한다는 점에서 규제정책과 분배정책의 이질혼합적 성격을 나타냄
② 보호적 규제정책
  ㉠ 개념 : 정부가 규제장치를 마련하여 다수의 일반대중을 보호하고자 하는 것(독과점규제, 농산물원산지 표시, 식품안전 및 환경규제, 최저임금제, 근로기준 등)
  ㉡ 특성 : 일반대중을 보호하려는 정책으로 재분배정책과 유사

(3) Almond & Powell의 분류

① 추출정책 : 국가정책적 목표에 의해 일반국민들에게 인적·물적 자원을 부담시키는 정책(조세, 병역, 각종 부담금, 물자수용 등)
② 상징정책 : 국민의 자긍심을 높이기 위해 정부나 사회가 국내외 환경에 유출시키는 이미지나 상징과 관련된 정책(평창동계올림픽, 2002 한·일월드컵 경기, 남대문 복원사업)

▶ 정책의 유형 분류

분배정책	재분배정책
• 효과성·효율성	• 형평성
• 불특정집단(모든 국민)이 수혜자	• 특정계층(저소득층)이 수혜자
• 순응도 높음(표준운영절차 확립용이)	• 순응도 낮음(표준운영절차 확립곤란)
• 집단 간 갈등 미약(Non zero sum게임)	• 계층 간 대립·갈등(Zero sum게임)
• 정책의제화 용이	• 정책의제화 곤란
• 나눠먹기식 정치	• 이데올로기 논쟁발생
• 관료 또는 하위정부	• 대통령(엘리트 주의)

정책과정의 참여자와 네트워크의 유형

(1) 정책 네트워크

정책문제에 대해 공·사부문의 참여자들 간에 형성되는 연결망

(2) 정책과정의 참여자

① 공식적 참여자 : 대통령, 입법부, 사법부, 관료, 지방정부 등

② 비공식적 참여자 : 이익집단, 정당, 전문가 집단, 시민단체, 언론 등

(3) 정책 네트워크의 특징

① 전제 – 다원주의 ② 정책문제별 네트워크 형성

③ 경계의 존재 ④ 국가는 하나의 행위자에 불과

⑤ 참여자간 상호작용을 통한 연계형성 ⑥ 외재적·내재적 요인에 의한 변동가능성

(4) 정책 네트워크의 유형

하위정부모형(철의 삼각)		정책공동체	이슈네트워크(쟁점망)
이익집단, 의회 상임위원회, 관료 ➡ Iron-triangle		하위정부모형의 참여자＋전문가집단	관료, 이익집단, 정치인, 시민,전문가, 이해관계자
합의·협력에 의한 정책 결정, 안정적 관계		상호 협력적 관계, 문제의 해결방안에 대한 견해차이 발생	경쟁적·갈등적 관계
배타성이 강함, 경계 명확		제한적 배타성(전문가 참여)	경계 불분명, 참여자 유동적
분야별 정책지배		의도한 정책산출 예측가능	정책산출의 예측곤란

▶ 정책공동체와 이슈네트워크의 비교

구 분	정책공동체	이슈네트워크
구성원	제한된 참여(관료+전문가)	광범위한 다수의 이해관계자 참여
정책	의도한 정책산출 예측가능	정책 산출 예측 곤란
참여자간 관계	참여자 간의 권력균등(의존적, 협력적)	권력이 불균등(경쟁적, 갈등적)
상호작용	비교적 안정적 (지속적)	불안정(유동적, 일시적)
폐쇄성	비교적 폐쇄적	개방적

테마 05 정책의제설정과정과 유형

(1) 의의

① 개념 : 사회문제의 정부 귀속화 과정

② 관심의 대두요인 : 1960년대 미국의 흑인폭동과 무의사결정

(2) 정책의제설정 과정

① 사회문제의 인지 : 어떠한 문제가 사회문제로 인식되는 것

② 사회적 이슈 : 그 문제의 해결에 합의점을 찾지 못하고 갈등이 야기되는 단계

③ 체제의제 : 정부가 문제해결을 하는 것이 정당한 것으로 인정되는 문제, 환경의제, 토의의제, 공중의제

④ 제도의제 : 정부가 사회문제해결을 위해서 다루기로 결정하여 명백히 밝힌 정책문제, 정부의제, 행동의제, 공식의제

(3) 정책의제설정 유형 : 주도집단기준

① 외부주도형

ㄱ 정부외부집단이 주도하여, 사회문제 ➔ 사회적 쟁점 ➔ 공중의제 ➔ 정부의제

ㄴ 다원화된 선진국유형, 환경으로부터 강요된 정책문제

ㄷ 여성채용목표제, 지방대출신 할당제, 소비자보호정책, 그린벨트 해제, 금융실명제 등

② 동원형

ㄱ 정책결정자들이 주도하여, 사회문제 ➔ 정부의제 ➔ (정부의 PR을 통해) 공중의제

ㄴ 후진국 유형, 정부에 의해 채택된 정책문제

ㄷ 올림픽이나 월드컵의 유치, 가족계획사업, 새마을운동, 의약분업정책 등

③ 내부접근형(음모형)

ㄱ 정부 내 관료집단이나 외부집단이 정책결정자에게 접근하여, 사회문제 ➔ 정부의제

ㄴ 공중의제화가 억제되는 음모형(정부의 PR생략)

ㄷ 이동통신사업자 신징, 무기도입계약, 대북시원사업 등

▶ 정책의제설정 유형

구 분	외부주도모형	동원모형	내부접근모형
내 용	사회문제 ➔ 공중의제 ➔ 정부의제	사회문제 ➔ 정부의제 ➔ 공중의제	사회문제 ➔ 정부의제
전개방향	외부 ➔ 내부	내부 ➔ 외부	내부 ➔ 내부
공개성, 참여도	높음	중간	낮음
공중의제 성립	구체화, 확산단계	확산단계	공중의제 불성립
정부의제 성립	진입단계	주도단계	주도단계
사회적·문화적 배경	평등사회	계층사회	불평등사회 (사회적 지위·부의 편중)

(4) 기타 정책의제설정모형

① P. May의 의제설정모형

주도자 \ 대중지지	높음	낮음
사회적 행위자들	외부주도형	내부주도형(내부접근형)
국가	굳히기형(공고화형)	동원형

> **참고** **굳히기형(공고화형)**
>
> 이미 민간집단의 광범위한 지지가 형성된 이슈에 대하여 정책결정자가 정부의제화 함으로써 지지의 공고화를 추진하는 모형

② 포자모형 : 곰팡이의 포자가 적당한 환경이 조성되어야 비로소 균사체로 성장할 수 있듯이, 사회문제도 유리한 사회적 환경이 조성되어야 정책의제화 된다는 이론

③ 흐름과 창 모형 : Kingdon의 흐름과 창 모형은 상호 분리되어 독립적으로 흐르는 문제의 흐름, 정치의 흐름, 정책(해결책)의 흐름이 어떤 계기로 서로 우연히 결합했을 때 정책의 창이 열려 정책의제화 된다는 이론

④ 아슈관심주기(생명주기) 모형 : 이 이론은 각각의 이슈에 대한 공공의 관심을 끌기 위한 치열한 경쟁으로 일반 대중은 중요한 국내 문제에 대하여 지속적이고 장기적인 관심을 주지 못한다고 보면서 이슈관심주기를 제시한다. 이슈관심주기의 단계는 이슈의 잠복 ➡ 이슈의 발견과 표면화 ➡ 대중관심의 현저한 증가와 비용 인식 ➡ 대중관심의 점진적 감소 ➡ 관심의 쇠퇴로 구성된다. 따라서 이 이론에 의하면 특정 이슈에 대한 대중의 관심이 감소하기 전에 정부의제화하기 위한 노력이 필요하다고 주장

⑤ 동형화 모형 : 사회학적 제도주의에서 강조하는 동형화 모형은 모방적 동형화(자발적으로 타 정부의 성공 사례를 벤치마킹), 강압적 동형화(타 정부의 압력에 순응), 규범적 동형화(정부 간의 네트워크를 정교화하는 과정에서 동형화) 등을 통한 정부 간 정책전이로 특정 사회문제가 정책의제화 된다는 이론

(5) 정책의제설정을 좌우하는 요인

주도집단의 속성	① 규모 ③ 리더십	② 영향력 ④ 조직화
정치적 요소	① 정치체제의 구조 ③ 정치적 사건	② 정치적 이념
문제의 특성 (Cobb & Elder)	① 문제의 중요성 (사회적 유의성) ③ 문제의 복잡성 ⑤ 선례의 유무	② 해결책의 존재 ④ 명확성·구체성 ⑥ 극적 사건

> **참고** 크렌슨(Crenson)의 대기오염의 비정치화이론에 의하면문제해결을 통해 전체적 편익을 가져오고 그 비용을 일부 집단이 부담하는 전체적 문제(환경오염)의 경우 비용부담집단의 적극적인 반대로 의제채택이 곤란하다고 본다.

테마 06 ▶ 정책참여자의 권력에 기초한 모형 - 권력모형

(1) 엘리트이론

① 19세기 말 이후 고전적 엘리트론 : Mosca, Pareto, Michels

② 1950년대 미국의 통치 엘리트론

　㉠ 밀스(Mills)의 지위접근법 : '군·산·정 복합체'라는 소수엘리트에 의해 정책결정

　㉡ 헌터(Hunter)의 명성접근법 : 애틀랜타시의 지역엘리트가 지역사회의 공적 생활을 지배하고 있으며 특히 소수 기업엘리트들이 다수의 정책결정을 주도한다고 주장

지위접근법(Mills)	권력은 사회적 지위에서 나옴(전국적 차원)
명성접근법(Hunter)	권력은 사회적 명성에서 나옴(지역적 차원)

③ 1960년대 신엘리트이론 - 무의사결정론

　㉠ 의의 : 정책과정에서 지배엘리트의 이해관계와 일치하는 사회문제만 정책의제화되고, 엘리트의 이익에 방해가 되거나 잠재적 도전이 되는 문제는 거론조차 못하게 억압하고 방해하는 무의사결정이 발생한다고 주장(권력의 두 얼굴 중 Dahl의 다원론은 밝은 얼굴만 보았다고 비판)

　㉡ 무의사결정의 특징 : 사회적 갈등과 불만의 원인, 의도적 행위, 정책과정 전반에서 발생

　㉢ 무의사결정의 발생원인

　　ⓐ 지배계급에 대한 기득권의 침해와 지배적 가치관에의 도전

　　ⓑ 과잉충성현상 및 지배적 가치에 의한 부정

　　ⓒ 관료의 이익과 상충하는 경우

　　ⓓ 편견적 정치체제에 의한 부정

　㉣ 무의사결정의 수단 : 폭력과 권력의 행사, 편견의 동원, 위장합의 등

(2) 다원론(이익집단론)

① Bentley, Truman 이익집단론 : 정책이란 다양한 이익집단의 경쟁과 타협의 산물(정부는 중립적 심판자)

　➡ '중복회원과 잠재이익집단의 존재'로 이익의 균형화가 발생

② Dahl의 다원권력론「다두제」: Elite 존재를 인정하나, 엘리트들은 분야별로 분산되고 상호경쟁함

　➡ 엘리트들은 선거경쟁에서 권력을 얻기 위해 국민의 요구에 따라 정책을 결정

③ 신다원주의론

　㉠ 의의 : 이 이론은 사회에 존재하는 이익집단들 간에 정치이익의 균형과 조정이 민주주의의 핵심 동력이지만, 현실에서의 정책과정은 기업집단에 보다 많은 특권이 부여된다고 주장

　㉡ 특징

　　ⓐ 자본주의국가에서 기업집단에 특권적 지위 부여

　　ⓑ 정부는 중립적 조정자가 아닌 전문화된 체제를 갖추고 능동적으로 기능하는 존재로 파악

(3) 기타 권력모형

① Simon의 의사결정론 : 인간과 조직은 의사결정활동에서 주의집중력의 한계로 인하여 한꺼번에 많은 문제에 대해 주의를 기울일 수 없기 때문에, 일부의 문제만이 정책문제로 채택된다고 보는 이론

② Easton의 체제이론 : 정치체제는 능력상의 한계를 지니고 있으며, 따라서 과도한 사회문제 투입으로 인한 체제의 과부하를 회피하기 위해 정치체제의 문지기가 선호하는 문제만 정책으로 의제화 된다고 보는 이론

③ 조합주의 – 국가중심이론

　⊙ 의의 : 다양한 이익집단을 기능적으로 대표성을 지닌 대규모의 조직체(조합)로 묶고 지배기구로 편입시켜 국가와 함께 상호협력을 통한 의사결정을 하는 체제, 국가가 중심이 되어 자본과 노동의 독점적 이익대표를 조정

　⊙ 특징

　　ⓐ 조합 – 전문화된 단일의 독점적 정상이익집단(강제적·비경쟁적·위계적으로 조직)

　　ⓑ 참여 – 제도적 참여(노사정위원회 등)

　　ⓒ 국가 – 능동적 존재(정부는 공공선을 실현하기 위해 이익집단의 활동을 규정하고 포섭하는 독립적 실체)

　　ⓓ 의사결정 – 상호협력을 통한 합의

　⊙ 유형

　　ⓐ 국가조합주의 – 국가가 통치력을 강화하기 위해 편성한 강제적 이익대표체계로서, 개발도상국이나 권위주의국가에서 보여주는 유형

　　ⓑ 사회조합주의 – 서구 선진국에서 나타난 조합주의로서 국가에 의한 통제는 배제되고 이익집단의 상향적 투입기능을 중시

④ 신조합주의 : 다국적 기업들이 국가와 긴밀한 동맹관계를 형성하고 국가는 이들과 함께 경제·산업정책을 형성해 나간다고 보는 이론

▶ 조합주의와 다원주의의 비교

구분	조합주의	다원주의
결성	강제적 조직, 독점적 이익대표	자율적 조직
조직운영	위계적, 수직적	수평적
국가역할	개입자, 비중립적, 공익의 판단자	중립적 심판자

테마 07 ▶ 합리적·분석적 결정의 과정- 합리모형

(1) 합리적·분석적 결정과정

① 정책문제의 파악과 정의 ➡ ② 정책목표의 설정 ➡ ③ 정책대안의 탐색·개발 ➡ ④ 정책대안의 결과예측
➡ ⑤ 정책대안의 예측결과에 대한 비교·평가 ➡ ⑥ 최적대안의 선택

(2) 정책문제의 정의

① 정책문제 정의 시 고려요소
　㉠ 관련요소 파악 : 정책문제를 유발하는 사람들, 상황과 관련된 요소를 찾아내는 작업
　㉡ 가치판단 : 문제의 심각성을 파악하고 피해계층이나 피해집단을 파악하여 관련된 사람들이 요구하는 가치가 무엇인가를 판단
　㉢ 인과관계 파악 : 관련된 요소(변수)들의 인과 관계 확인
　㉣ 역사적 맥락 파악 : 관련 요소(변수)들의 역사적 발전 과정, 변수들 사이의 변화 과정 파악
② 정책문제의 특성 : 주관성·인공성, 정치성, 상호의존성, 동태성, 역사성

참고　**정책분석의 오류**
제1종 오류 : 맞는 가설을 배제하는 오류, 즉 잘못된 대안을 선택하는 오류
제2종 오류 : 틀린 가설을 채택하는 오류, 즉 올바른 대안을 선택하지 않는 오류
제3종 오류(메타오류) : 문제정의나 개념이 잘못된 경우에 나타나는 오류

▶ 정책문제의 구조화 기법 : 제3종 오류 방지를 위한

방 법	개 념
분류분석	문제의 구성요소 식별
계층분석	문제상황에 영향을 주는 원인 파악(인과관계 파악)
유추분석	유사한 과거의 문제 상황을 파악
가정분석	문제상황의 인식을 둘러싼 대립적인 여러 가정들을 창조적으로 통합하기 위한 기법
경계분석	문제의 위치, 범위, 기간, 역사적 사건 파악
복수관점 분석	기술적, 조직적, 개인적 관점

(3) 정책대안의 결과예측 – 미래예측의 방법

① 추세연장적 미래예측(투사) : 과거로부터 지속되어온 역사적 추세를 연장하여 미래예측
→ 시계열분석, 선형경향분석
② 이론적 미래예측(예견): 인과관계에 관한 이론적 가정에 입각하여 미래의 상태를 예측
→ 인과관계모형설정, 선형계획, 회귀분석, 상관분석, 시나리오 분석, PERT, CPM
③ 판단적 미래예측(추측) : 전문가들의 직관적·주관적·질적 미래예측으로, 예측하는 사람의 통찰력이나 직관에 의해 미래를 예측 → 브레인스토밍, 델파이기법과 정책델파이기법, 명목집단기법, 교차영향분석, 지명반론자기법 등

    ㉠ 브레인스토밍 : 특정 주제에 대하여 자유로운 분위기 속에서 전문가들의 창의적 의견이나 아이디어를 자유롭게 교환하도록 하는 대면식 집단토의기법(자유분방, 비판과 평가금지, 질보다 양 중시, 아이디어 편승기법 허용)

    ㉡ 전통적 델파이와 정책델파이 : 반복된 환류, 컴퓨터에 의한 통계처리

구 분	전통적 델파이기법	정책델파이기법
개념	일반문제에 대한 예측	정책문제에 대한 예측
응답자	동일영역의 일반전문가를 응답자로 선정	정책전문가와 이해관계자 등 다양한 대상자 선정
익명성	철저한 격리성과 익명성	선택적 익명성
합의	합의 도출(의견일치 유도)	구조화된 갈등(유도된 의견대립)
통계처리	의견의 대푯값·평균치 중시	의견차이나 갈등을 부각시키는 양극화된 통계처리

    ㉢ 명목집단기법 : 개인들이 개별적으로 해결방안에 대해 구상하여 서면으로 제출하도록 하고, 제한된 토론만을 허용한 다음, 해결방안에 대해 표결하는 집단토론기법

    ㉣ 지명반론자기법(변증법적 토론) : 특정대안에 대해 작위적으로 특정 조직원들 또는 집단을 반론을 제기하는 집단으로 지정해 반론자 역할을 부여하고 이들이 제기하는 반론과 이에 대한 제안자의 옹호과정을 통해 대안의 장점과 단점을 최대한 노출시키고 의견수렴의 과정을 거쳐 합의를 형성하는 집단토론기법

    ㉤ 교차영향분석 : 사건 간의 상호관련성을 파악하는데 도움을 주는 기법으로 특정사건의 발생에 따라 관련된 다른 사건들의 발생 가능성을 확률 변화를 통하여 주관적인 판단에 입각해서 예측하는 주관적·질적 기법

(4) 불확실성의 대처방안

① 적극적 대처방안 : 불확실한 것을 확실하게하려는 방안

    ㉠ 불확실성을 유발하는 상황통제   ㉡ 이론이나 모형의 개발

    ㉢ 정보의 충분한 획득   ㉣ 협상, 타협

    ㉤ 정책실험(시뮬레이션)

② 소극적 대처방안 : 불확실한 것을 주어진 것으로 보고 이에 대처하는 방안

    ㉠ 중복 및 가외성을 마련하는 방법

    ㉡ 보수적 접근

    ㉢ 지연, 회피

    ㉣ 민감도분석 : 모형의 파라미터가 불확실할 때, 여러 가지 가능한 값에 따라 대안의 결과가 어떻게 달라지는지를 분석방법

    ㉤ 악조건가중분석 : 최선의 대안은 최악의 상황을, 다른 대안은 최선의 상황을 가정해보는 분석방법

    ㉥ 분기점분석 : 악조건 가중분석의 결과 대안의 우선순위가 달라질 경우, 대안들이 동등한 결과를 가져오기 위해서는 어떤 가정이 필요한지를 밝히는 분석방법

    ㉦ 휴리스틱스(Heuristics)기법 : 시행착오를 겪으면서 순차적으로 해결책을 찾고자하는 분석방법

(5) 정책대안의 비교·평가 기준 : 비용·편익 분석기법(경제적 타당성을 검토)

비용편익비율(B/C)	편익의 현재가치 / 비용의 현재가치	· B/C > 1 타당성이 있음
순현재가치 (NPV)	편익의 현재가치 − 비용의 현재가치	· NPV > 0 타당성이 있음
내부수익률(IRR)	B/C = 1, NPV = 0 이 되도록 하는 할인율	· 내부수익률(투자수익률)>기준할인율−타당성이 있음, 내부수익률이 클수록 경제적 타당성이 큼
자본회수기간	투자원금을 회수하는데 걸리는 시간	짧을수록 좋음(단, 할인율이 높을 때는 단기, 낮을 때는 장기투자가 유리). 재정력 부족 시 적합

▶ 비용편익분석과 비용효과분석의 비교

구분	비용편익분석	비용효과분석
측정단위	화폐로 측정	측정단위의 다양성
변화요소	비용과 편익이 같이 변화 (가변비용·가변편익을 다룸)	비용이나 효과 가운데 어느 하나가 반드시 고정되어야 함(비용일정·효과최대, 효과일정·비용최소)
중점	사업의 경제적 타당성 분석	자원이용의 효과성 분석
성격	양적 분석	질적 분석
시관(時觀)	장기분석에 이용	단기분석에 이용

계층화분석법(AHP : Analytical Hierarchy Process) – Saaty교수

1. 의의

   계층화분석법은 계량적 접근이 어려운 분야의 의사결정에 적용되는 방법으로 하나의 문제를 시스템으로 보고 당면한 문제를 여러 개의 계층으로 분해한 다음 두 대안씩 조를 만들어 상대적 중요성을 비교한 다음 우선순위를 결정하는 의사결정기법이다.

2. 절차

   ① 문제의 구조화 : 문제를 몇 개의 계층 또는 네트워크의 형태로 구조화한다.

   ② 이원비교 : 중간계층의 요소들은 최상위계층에 의해 이원비교를 통해 상대적 중요성이 평가되며, 최하위계층은 중간계층에 의해 이원비교를 통해 상대적 중요성이 평가된다.

   ③ 우선순위의 설정과 종합화 : 각 계층에 있는 요소별 우선순위를 설정하고 전체적으로 종합하여 최종적으로 대안들 간의 우선순위를 설정한다.

테마 08 정책결정의 합리성 저해요인

(1) 인적 요인(정책결정자에 기인하는 요인)

① 가치관과 태도(인식)의 차이 : 갈등 발생

② 권위주의적 성격 : 토의 저해 및 하급자 의견 무시

③ 미래예측의 곤란성 : 인간능력의 한계

④ 관료제의 병리 : 무사안일주의 등

⑤ 감정적인 요소

(2) 조직구조적 요인

① 제한된 정보 : 정보의 부족과 부정확성(불확실성)

② 집권적 구조 : 제한된 수의 대안 논의

③ 참모기관의 약화와 시간적 제약 : 즉흥적 결정

④ 정책전담기구의 결여

⑤ 부서할거주의

(3) 환경적 요인

① 정책문제와 목표의 다양성, 무형성

② 투입기능의 취약 : 국민의견 무시

③ 매몰비용 문제 : 회수불능비용에 집착

④ 정책결정과정의 폐쇄성 : 집단사고의 폐단

⑤ 이익집단에 의한 포획 : 지대추구 등

⑥ 정치사회환경의 불안정 : 정책의 빈번한 수정

테마 09 · 정책분석의 3차원

(1) 관리과학·운영연구(OR : Operation Research)

선형계획법(LP)	주어진 제약조건아래서 산출을 극대화하거나 비용을 극소화할 수 있는 최적의 자원결합점을 찾는 방법(심플렉스기법을 이용)
PERT & CPM	최적의 업무공정을 찾는 방법
게임이론	경쟁적 상황에서 상대경쟁자에 대해서 어떤 행동(전략)을 채택하여야 할 것인지를 파악하는 방법
대기행렬이론	하나의 서비스 체계에서 고객이 도래하는 수가 시간마다 일정하지 않을 때, 최적의 서비스 시설을 결정하기 위한 이론

(2) 체제분석

정책문제를 체제적 관점에서 파악하고, 대안들을 광범위하게 탐색하여 B/C분석으로 대안을 비교·평가한 후, 최적 대안을 선택하는 과학적·체계적인 접근방법

(3) 정책분석(Policy analysis)

체제분석의 기본논리를 받아들이면서, 정치적·제도적 맥락도 고려하여 계량적 분석뿐만 아니라 질적 분석까지도 이루어지는 접근방법

→ ① 정책의 기본가치 중시, ② 자원의 사회적 배분 중시, ③ 정치적 요인의 고려

테마 10 · 합리모형, 점증모형, 혼합주사모형의 비교

		대안탐색	결과예측
합리모형		모든 대안의 포괄적 고려	모든 대안의 세부적 분석
점증모형		소수의 대안만 고려	각 대안의 개괄적 분석
혼합주사모형 (Ezioni)	근본적 결정	포괄적(모든 대안) → 합리모형	중요한 결과만 개괄적 예측 → 합리모형의 엄밀성 극복
	세부적 결정	제한적(소수의 대안만) → 점증모형	각 대안의 세부적 분석 → 점증모형의 한계 극복

점증모형– Lindblom & Wildavsky

(1) 의의

Lindblom과 Wildavsky 등에 의해 제창된 점증모형은 과정측면에서는 다양한 이해관계의 상호조정에 의한 의사결정을, 산출 측면에서는 종래 결정된 정책의 순차적 수정 내지 약간의 향상된 대안의 선택을 강조하는 현실적·실증적·귀납적 정책결정모형

(2) 점증주의의 현실적 타당 근거

① 제한적 합리성, ② 매몰비용, ③ 정치적 실현가능성

(3) 점증주의의 내용

① 현존정책 ±α식 결정   ② 정치적 합리성

③ 계속적 정책결정   ④ 목표와 수단의 상호의존성

⑤ 부분적 최적화   ⑥ 분석의 대폭적 제한

⑦ 소폭적·점진적·한계적 변화

▶ 합리모형과 점증모형의 비교

구 분	합리모형	점증모형
합리성	경제적 합리성(자원배분의 효율성)	정치적 합리성(이해관계집단의 합의 중시)
목표수단분석	실시(수단은 목표에 합치되도록 선택)	미실시(목표는 수단에 합치되도록 수정)
최적화	전체적 최적화 추구	부분적 최적화 추구
대안의 결과예측	모든 대안 예측	일부만 한정 예측(환류로 결함보충)
정책결정 방식	• 근본적 결정 • 쇄신적·창의적 결정 • 단발적 결정 : 문제의 재정의가 없음	• 지엽적 결정 • 보수적·점진적 결정 • 연속적 결정 : 문제의 재정의가 빈번함
매몰비용	미고려	고려
결정방향	하향식(Top–down) – 집권적	상향식(Bottom–up) – 분권적
분석수준	모든 관련 요소에 대한 포괄적 분석(총체적 분석)	제한된 비교 분석(제한적 분석)
사회(적용국가)	불안정한 사회(개발도상국)에 적합	안정된 사회(다원주의사회인 선진국)에 적합
환경변화에의 적응력	높음(∵ 쇄신적 결정)	낮음(∵ 보수적 결정)
접근방식	연역적(일반원칙 ➡ 구체적 사실)	귀납적(구체적 사실 ➡ 일반원칙)

테마 12 ▶ 만족모형 - Simon & March

(1) 의의

Simon & March의 행태론적 의사결정론에 의해 주장된 모형으로서, 실제의 의사결정에서 인간은 인지능력, 비용, 정보, 시간의 부족 등으로 제한된 합리성하에서, 최적·최선의 대안이 아니라 결정자의 만족수준에서 대안을 선택하게 된다는 모형

(2) 기본전제 및 특징

① 완전한 합리성이 아닌 제한적 합리성을 전제
② 경제인이 아닌 행정인의 가정에 기초
③ 습득 가능한 몇 개의 대안을 우선적으로 검토하여 현실적으로 만족한다고 생각하는 선에서 대안을 선택하고 결정

▶ 합리모형과 만족모형의 비교

구 분	합리모형	만족모형
합리성	완전한 합리성	제한된 합리성
인간관	합리적 경제인관	행정인관
접근방법	규범적·이상적 접근	현실적·실증적 접근
대안선택 기준	최적화(Optimizing) – 목표를 극대화하는 최적대안 선택	만족화(Satisficing) – 만족할 만한 대안 선택 (심리적 만족 추구)
대안탐색	모든 대안을 광범위하게 탐색	만족대안을 찾을 때까지 무작위적·순차적 탐색
대안의 결과예측	모든 대안의 결과예측(총체적 예측)	몇 개의 대안만 고려하여 결과예측(부분적 예측)

테마 13 ▶ 최적모형 - Dror

(1) 의의

Dror가 제창한 모형으로 합리모형이 강조하는 이상주의와 점증모형이 강조하는 현실주의를 결합할 뿐만 아니라 초합리성(직관, 판단력, 창의력)을 가미한 현실적·규범적 모형

(2) 특징

① 경제적 합리성(양적 모형)과 초합리성(질적 모형)의 결합
② 정책결정의 3단계 : 상위(Meta)정책결정단계 ➡ 정책결정단계 ➡ 후정책결정단계

상위(초)정책결정단계 (Meta·policy making)	• 정책결정의 참여자·조직·결정방식 등 기본방침을 결정하는 단계 • 정책문제처리, 관련가치처리, 가용자원 확인, 목표와 우선순위 결정, 정책결정체제 설계, 정책결정전략 등이 결정된다.
정책결정단계 (Policy making)	• 일반적인 의미의 정책결정단계 • 세부적 목표의 설정과 관련된 다른 가치들을 확정하고 이들 간의 순위를 결정하고, 정책대안의 탐색, 정책대안의 결과예측, 정책대안의 비교·평가 그리고 최선의 대안이 선택된다.
후정책결정단계 (Post·policy making)	• 집행과정에서 이루어지는 정책내용의 수정 • 결정이 이루어진 이후 집행과정에서 나타나는 정보에 따른 결정의 수정작업이 포함되는 단계로 집행, 평가, 환류의 단계로 이루어진다.

테마 14 ▶ 사이버네틱스 모형

(1) 의의

Cybernetics 모형은 온도조절기와 같이 일정한 조건이 설정되면 자동적이고 반복적으로 작동하는 기계의 원리를 정책결정 현상에 응용한 모형으로 합리모형과 대립되는 적응적·습관적·기계적 의사결정모형(실내자동온도조절장치, 미사일 자동조준장치)

(2) 사이버네틱스모형의 특징

① 적응적·습관적 의사결정
② 불확실성의 통제
③ 집단적 의사결정
④ 도구적 학습(↔ 인과적 학습 : 합리모형)

테마 15 ▶ 회사모형(연합모형) – Cyert와 March

(1) 의의

사이먼의 만족모형을 실제 기업체(각 단위 부서별로 준 독립적인 운영이 이루지는 느슨하게 연결된 조직들의 연합체)의 의사결정에 적용한 집단적 의사결정모형

(2) 회사모형의 특징

① 갈등의 준 해결과 제한된 합리성
② 불확실성을 회피하는 방법으로 환경통제 : 단기적 피드백, 거래관행, 장기계약, SOP
③ 문제 중심의 탐색 : 능력상의 한계로 인하여 관심이 가는 문제만 탐색
④ 조직의 학습 : 도구적 학습
⑤ 표준운영절차(SOP) 활용(정형적 의사결정) : 조직의 의사결정은 표준운영절차가 지배

테마 16 ▶ 쓰레기통 모형 – Cohen, March, Olsen

(1) 의의

조직화된 무정부상태(계층제적 위계질서가 없고, 구성원의 응집성이 매우 약하며, 시간적 제약)에서 이루어지는 비합리적인 집단적 의사결정모형 ➡ 대학조직이나 다당제하의 의회에서의 결정

(2) 전제조건

① 문제성 있는 선호, ② 불명확한 분석기술, ③ 수시적 참여자 ➡ 비합리적 의사결정

(3) 정책결정의 구성요소와 방식

① 구성요소 : ㉠ 문제, ㉡ 해결책, ㉢ 의사결정의 기회, ㉣ 참여자라는 의사결정의 4요소가 독자적으로 흘러 다니다가 어떤 계기로 교차하여 만나게 될 때, 의사결정이 이루어짐
② 정책결정의 방식 : ㉠ 날치기 통과(간과), ㉡ 진빼기 결정(탈피)

(4) Kingdon의 흐름과 창 모형

독자적으로 흐르는 3가지 흐름(정책문제흐름, 정치의 흐름, 정책대안의 흐름) ➡ 점화장치 등에 의해 만나는 경우, 정책의제설정이 발생(정책의 창이 열림)

1960년대 초 '쿠바미사일위기'와 관련된 외교정책과정의 분석을 통하여, '집단의 특성(응집성)'에 따른 3가지의 집단적 의사결정모형을 제시하고 이 세 가지 모형이 하나의 조직이나 정책에 동시에 적용 가능하다고 보았다.

(1) 합리모형 : 정책결정의 주체를 단일체인 정부로 보며, 정부를 합리적인 의사결정행위자로 간주한다. 이때 정부조직은 유기체와 같이 최고관리층에 의해 완벽히 통제·조정된다.

(2) 조직모형 : 정부를 느슨하게 연결된 하위조직들의 집합체로 보고, 정책이란 이들 하위조직들에 의해 작성된 정책대안을 최고지도층이 정책으로 채택한다고 가정한다. 조직의 하층부에 주로 적용

(3) 관료정치모형 : 정책을 참여자간의 흥정·타협으로 이루어지는 정치적 게임의 결과로 본다. 조직의 상층부에 주로 적용

구 분	합리모형(모형Ⅰ)	조직모형(모형Ⅱ)	관료정치모형(모형Ⅲ)
조직관	조정과 통제가 잘 된 유기체적 조직	느슨하게 연결된 하위조직들의 연합체	독립적인 개인적 행위자들의 집합체
권력의 소재	최고지도자가 보유	반독립적인 하위조직들이 분산소유	개인적 행위자들의 정치적 자원에 의존
행위자의 목표	조직전체의 목표	조직전체의 목표＋하위조직들의 목표	조직전체의 목표＋하위조직들의 목표＋개별행위자들의 목표
목표의 공유도	매우 강함	약함	매우 약함
정책결정의 양태	최고지도자가 명령하고 지시	SOP에 의한 프로그램목록에서 대안 추출	정치적 게임의 규칙에 따라 타협, 흥정, 지배
정책결정의 일관성	매우 강함(항상 일관성 유지)	약함(자주 바뀜)	매우 약함(거의 일치하지 않음)

참고 **정책딜레마모형**

1. 정책딜레마 : 상충되는 정책대안들 가운데 어떤 것도 선택하기 곤란한 상황
2. 발생조건
    ① 상충되는 정책대안들이 구체적이고 명료
        ㉠ 분절성, ㉡ 상충성, ㉢ 균등성, ㉣ 선택의 불가피성
    ② 특정대안의 선택으로 이익과 손해를 보는 집단이 명확히 구분
    ③ 갈등집단간의 권력균형
    ④ 갈등집단들의 강한 내부 응집력
3. 대응방식
    ① 소극적 – 결정회피와 지연, 책임전가, 상황의 호도
    ② 적극적 – 새로운 딜레마 상황조성, 정책문제의 재규정

테마 18 ▶ 증거기반 정책결정

(1) 의의

정책결정 과정에서 관련 증거에 기반하여 정책대안을 선택하거나 관련 사항을 결정하는 것

(2) 성공적 도입 조건(Head)

① 관련 정책 영역에서 상당한 수준의 정보를 활용할 수 있는 정보기반이 갖추어질 것
② 관련 데이터를 분석하고 가공하여 정책대안 및 정책성과 등을 평가할 수 있는 전문가의 확보
③ 증거기반의 각종 분석을 수행하고 조언을 수행할 수 있는 조직차원의 인센티브구조
④ 정책분석을 수행하는 연구자, 일선 정책담당자, 그리고 정책 결정자 사이의 상호이해과정

(3) 적용분야

① 보건정책
② 사회복지정책
③ 교육정책
④ 형사정책

테마 19 ▶ 전략적 기획

(1) 의의

전략적 기획은 급변하는 환경변화를 체계적으로 분석하고 조직내부의 현황을 종합적으로 진단하여 조직의 비전과 미션을 구체화하고, 우선순위가 높은 핵심적인 실행대안을 선택하는 과정을 거쳐 실천가능성이 높은 기획을 실현하는 것

(2) 전략적 기획의 과정

① 전략적 기획에 대한 합의
② 미션과 비전의 확인
③ 환경분석(SWOT)
④ 주요 전략적 이슈 분석
⑤ 전략적 기획의 평가

테마 20 **정책집행의 특성**

(1) 하향적·전방향적 접근방법(통제모형) : Sabatier, Mazmanian

① 정책결정자가 집행과정에 대하여 절대적인 영향력을 가지며 집행참여자의 구성이나 행동을 통제할 수 있다고 본다.
② 통제모형은 ㉠ 효과적 집행을 위해서 명확한 정책목표나 법령, 자세한 계획, 엄격한 통제가 있어야 하고, ㉡ 정책과정은 계층적 조직구조를 거쳐 가는 단선적 특성을 갖는다.
③ 정책집행의 성공조건
　　㉠ 정책결정의 기술적 타당성(정책과 문제해결 간의 인과관계)확보
　　㉡ 정책대상집단의 순응확보를 위한 명확한 법령과 지침
　　㉢ 능력있는 공무원의 집행담당
　　㉣ 다수의 이해관계집단의 지속적인 지지
　　㉤ 정책이 집행되는 동안 정책의 우선순위 고정

(2) 상향적·후방향적 접근방법(상호작용모형) : Van Meter & Van Horn, Lipsky의 일선관료

① 상호작용·분권화·협상과 집행자의 전문적 경험을 중요시하며 집행을 참여자간의 갈등·협상으로 이해한다.
② 상호작용모형은 정책의 실질적 내용이 집행과정을 거치면서 형성·결정되어가며 이를 결정하는 것은 중앙의 정책결정자가 아니라 일선관료라고 인식하고 정책결정자의 의도보다 일선기관이나 일선관료의 행태에 중점을 둔다.

▶하향적 집행과 상향적 집행의 비교

구분 / 유형	고전적·하향적 집행	현대적·상향적 집행
정책상황	안정적·구조화된 상황	유동적·동태화된 상황
초점	일관되고 분명한 정책목표의 달성	집행 문제의 해결
정책목표	목표가 명확하여 수정필요성 적음	수정필요성 높음
결정과 집행	정책결정과 집행의 분리	정책결정과 집행이 통합
집행자의 재량	집행자의 재량 불인정	집행관료의 재량권 인정
정책평가의 기준	집행의 충실성과 성과	환경에의 적응중시
집행의 성공요건	결정자의 리더십	집행관료의 재량권
Beman	정형적 집행	적응적 집행
Elmore	전방향적 집행	후방향적 집행

(3) Berman의 정형적 집행과 적응적 집행의 비교

구분	정형적 집행	적응적 집행
정책상황	안정적·구조화된 상황	유동적·동태적 상황
정책목표	목표 명확	목표 불명확
관리자의 참여	참여의 제한	다원적인 참여가 필요
집행자의 재량	집행자의 재량 최소화	집행자의 재량 인정
정책평가의 기준	집행의 충실성 또는 성과	환경에의 적응성 중시

(4) 통합모형

① Sabatier의 통합모형(정책옹호연합모형)

　　㉠ 개념 : 다양한 집행 관련자들의 연합(지지연합)을 분석단위로 상향적 접근방법을 기본으로 하면서 사회경제적 조건과 법적 수단이 어떻게 참여자들의 행태를 제한하는지를 살피는 하향식 접근방법을 결합한 모형

　　㉡ 특징 : 집행 관련 행위자들을 신념체계에 따라 지지연합이라는 정책하위체제에 초점을 두고 장기적 관점의 정책변화를 설명하는 모형

② Matland의 상황론적 통합모형

구 분		갈등	
		낮음	높음
목표의 모호성	낮음	관리적 집행(하향적 접근)	정치적 집행(하향적 접근)
	높음	실험적 집행(상향적 접근)	상징적 집행(상향적 접근)

　　㉠ 관리적 집행 : 집행과정은 계층제에 기반한 중앙집권적 권위로 특징 지워질 수 있고, 집행담당자들은 표준운영절차를 개발하여 자신들의 업무를 구조화함

　　㉡ 정치적 집행 : 정책결과는 권력관계에 의하여 결정되며 집행 시 대립적인 이해관계를 가신 집행조직 외부의 행위자들에 의해 영향을 많이 받음

　　㉢ 실험적 집행 : 정책을 학습으로 보며 정책결과는 맥락적인 조건(집행관료의 선호와 능력, 자원 등 집행이 일어나는 현장의 특성)에 의해 결정

　　㉣ 상징적 집행 : 정책목표가 애매모호하기 때문에 집행과정은 해석의 과정으로 이해될 수 있으며, 비슷한 해석을 가진 참여자들 간에 연합체를 형성

Nakamura와 Smallwood의 정책집행유형(결정자의 집행자간의 권한배분)

	정책결정자	정책집행자	성공적 집행의 기준
1. 고전적 기술관료형	명확한 목표제시	목표달성을 위한 기술적 권한만 위임	효과성
2. 지시적 위임자형	명확한 목표제시	목표달성을 위한 기술적 권한+관리적 권한을 위임	효과성, 능률성
3. 협상자형	결정자와 집행자간에 정책목표와 정책수단에 대해 협상		정책지지 및 유권자의 만족도
4. 재량적 실험가형	결정자의 지식부족 등으로 추상적·일반적 목표만 설정	목표 구체화와 수단의 개발에 관한 광범위한 재량을 위임	정책수혜집단의 만족도
5. 관료적 기업가형	집행자가 정책과정 전반을 완전히 통제, 정책수단 확보를 위해 결정자와 협상		체제유지도

▶ Lipsky의 일선관료

업무특성	작업환경	업무관행
• 정형화가 곤란하고 복잡 • 인간적인 업무(대민업무) • 과다업무/직무의 복잡성 • 재량이 높음/재량통제 곤란	• 불충분한 자원 • 권위에 대한 도전과 위협 • 모호하고 대립되는 기대	→	• 인위적으로 수요를 제한하거나 서비스의 질을 낮춤 • 업무를 단순화·정형화·관례화

자원부족, 모호한 목표 등으로 주어진 업무를 효과적으로 수행하기 어려움

테마 22 ▶ 정책평가

(1) 유형

① 평가성 사정 : 평가에 앞서 이루어지는 예비평가(평가의 유용성과 실행가능성을 검토)

② 과정평가

  ㉠ 집행도중에 이루어지는 형성평가(집행과정평가) : 정책집행의 진도분석, 성과모니터링

  ㉡ 집행된 후에 이루어지는 협의의 과정평가 : 정책효과의 인과경로분석

③ 총괄평가

  ㉠ 효과성평가   ㉡ 능률성평가

  ㉢ 공평성평가   ㉣ 영향평가

④ 상위평가(Meta 평가) – 평가의 평가, 평가종합, 평가결산

(2) 정책평가의 절차

① 목표확인 ➡ ② 평가대상과 기준설정 ➡ ③ 인과모형설정 ➡ ④ 연구설계개발 ➡ ⑤ 자료수집분석 ➡ ⑥ 평가결과의 환류

(3) 정책평가의 타당성과 신뢰성

① 정책평가 : 인과관계의 조건

  ㉠ 시간적 선행성 : 정책(독립변수)은 목표 달성(종속변수)보다 시간적으로 선행해야 함

  ㉡ 공동변화 : 정책과 목표 달성은 모두 일정한 방향으로 변화해야 함

  ㉢ 경쟁가설 배제(비 허위적 관계) : 외생변수가 목표 달성에 영향을 미치지 않았음을 입증해야 함

② 외생변수(제3의 변수)

구 분	내 용
허위변수	두 변수가 관계가 없음에도 불구하고 서로 관계가 있게끔 보이도록 하는 제3의 매개변수
억제변수	독립·종속변수가 실제로는 인과관계가 있으나, 이를 없게끔 보이게 하는 제3의 매개변수
구성변수	하나의 포괄적 개념은 다수의 하위개념으로 구성되는데, 구성변수는 포괄적 개념의 하위개념 사회계층은 포괄적 개념, 교육수준·직업·수입 등은 하위개념
매개변수	독립변수의 결과인 동시에 종속변수의 원인이 되는 변수
혼란변수	두 변수 간의 관계를 과대 또는 과소평가하게 만드는 제3의 매개변수
왜곡변수	독립·종속변수 사이의 관계를 정반대의 관계로 나타나게 하는 제3의 매개변수
선행변수	독립변수에 선행하여 작용함으로써 독립변수에 영향을 미치는 변수

③ 정책평가의 타당성과 신뢰성

　㉠ 타당성(정확도)의 유형

내적 타당성	원인변수(정책수단)와 결과변수(정책효과)간의 인과적 추론의 정확도
외적 타당성	평가결과의 일반화될 수 있는 정도
구성적 타당성	이론적 구성요소들이 성공적으로 조작화된 정도
통계적 결론의 타당성	정책효과를 찾아내기에 충분할 만큼 정밀하고 강력하게 연구설계가 이루어진 정도

　㉡ 신뢰성 - 측정결과의 일관성

(4) 정책평가의 타당도 저해요인

① 내적타당도의 저해요인

선발효과(선정요인)	집단을 구성할 때 선발의 차이로 인한 오류
역사적 요인(사건효과)	실험기간 동안에 발생한 역사적 사건으로 인한 오류
성숙효과(성장효과)	자연적 성장이나 발전에 의한 오류
상실요소(이탈효과)	두 집단 간 구성상의 변화(탈락, 이탈)로 인한 오류
측정도구변화	측정도구의 일관성 결여로 인해 내적 타당성이 저하
회귀인공요소	실험직전 단 한번 측정한 극단치에 의한 오류
오염효과(모방효과)	실험집단과 통제집단 간 모방이나 누출현상
측정요소(검사요소)	측정 그 자체가 연구에 영향을 미치는 것
선발과 성숙의 상호작용	선발효과와 성숙효과로 인한 실험결과의 왜곡

② 외적타당도의 저해요인

호손효과	인위적으로 통제된 실험결과의 일반화 곤란
다수적 처리에 의한 간섭	실험조작에 익숙해져서 일반화 곤란
표본의 비대표성	집단의 사회적 대표성 부족으로 인한 일반화 곤란
크리밍 효과	효과가 크게 나타날 사람만 실험집단에 배치하는 현상
실험조작과 측정의 상호작용	실험 전 측정받은 경험과 피조사자의 실험조작의 상호작용으로 얻어진 결과는 일반화 곤란

테마 23 정책평가의 방법

(1) 양적 평가(계량적 평가) 와 질적 평가(비계량적 평가)

① 양적평가
  ㉠ 개념 : 연구가설을 설계하고 이에 따른 계량화된 객관적 자료를 수집하여 연역적 방법으로 정책의 효과를 분석하는 평가방법
  ㉡ 자료수집 : 설문조사와 질문지를 통해 확보된 통계, 비율 또는 실적치 등 수치화된 자료
② 질적평가
  ㉠ 개념 : 계량적으로 측정하기 어려운 분야에 대한 평가를 위해 자연스러운 상태에서 수량화되지 않은 자료를 수집하여 귀납적 방법으로 자료를 분석하는 평가방법
  ㉡ 자료수집 : 참여관찰법, 심층면접법, 현장조사법, 문화기술법

(2) 실험평가(진실험과 준실험) 와 비실험평가(비실험)

① 진실험
  ㉠ 의의 : 실험집단과 통제집단의 동질성을 확보하여 정책효과를 측정하는 방법, 내적타당도 높음
  ㉡ 변수통제방법 : 무작위배정, 사전측정에 의한 통제
② 준실험
  ㉠ 의의 : 실험집단과 유사한 통제집단을 구성하여 정책효과를 측정하는 방법
  ㉡ 변수통제방법 : 축조에 의한 통제(매칭에 의한 배정), 재귀적 통제
③ 비실험
  ㉠ 의의 : 실험집단에만 정책을 처리하여 정책효과를 추론하는 방법, 외적타당도 높음
  ㉡ 변수통제방법 : 통계적 통제에 의한 평가, 인과모형에 의한 평가

▶ 사회실험과 자연실험

	사회실험	자연실험
특징	통제된 인위적 실험	통제되지 않은 자연스러운 실험
설계	진실험과 준실험	비실험
윤리적 문제	발생	발생하지 않음
실행가능성	낮음	높음

(3) 논리모형과 목표모형

① 논리모형 : 정책 프로그램의 요소들과 정책 프로그램이 해결하려고 하는 문제들 사이의 논리적 인과관계를 투입 → 활동 → 산출 → 결과로 정리한 모형
② 목표모형 : 정책이 달성하려는 장기 목적과 중단기 목표들을 잘 달성했는지에 초점을 맞춘 모형

정부업무평가제도

(1) 국무총리실의 정부업무평가제도

① 평가 목적과 기본방향
  ○ 목적 : 중앙행정기관·지방자치단체·공공기관 등의 통합적인 성과관리체제의 구축과 자율적인 평가역량
    의 강화를 통하여 국정운영의 능률성·효과성 및 책임성을 향상시킴
  ○ 기본방향 : 개별평가에서 통합평가, 직접평가에서 자체평가
② 평가대상기관
  중앙행정기관, 지방자치단체, 중앙행정기관 또는 지방자치단체의 소속기관, 공공기관을 포함
③ 정부업무평가의 종류

중앙·지방 행정기관의 자체평가	• 자체평가위원회 : 평가의 공정성과 객관성을 위해 위원의 2/3 이상은 민간위원으로 구성 • 중앙행정기관의 자체평가결과에 대한 재평가 : 국무총리는 평가의 객관성·신뢰성에 문제가 있다고 판단되는 때에는 위원회의 심의·의결을 거쳐 재평가
특정평가 (국무총리)	통합적 국정관리를 위한 특정평가제도 : 국무총리가 중앙행정기관을 대상으로 국정을 통합적으로 관리하기 위하여 필요한 정책 등을 평가하는 것
지방자치단체 합동평가	지방자치단체 또는 그 장이 위임받아 처리하는 국가사무 등에 대해 행정안전부장관은 중앙행정기관의 장과 합동으로 합동평가를 실시
공공기관 평가	• 투자기관, 산하기관, 기금, 지방공기업, 출연기관 등 • 공공기관의 특수성·전문성을 고려하고 평가의 객관성·공정성을 확보하기 위하여 공공기관 외부의 기관이 실시해야 함

④ 정부업무평가제도(국무총리실 소관)

정부업무평가 위원회	국무총리소속하에 정부업무평가위원회 - 위원장 2인, 15인 이내 위원(당연직위원 : 기재부장관, 행안부장관, 국무조정실장 포함)으로 구성
정부업무평가 기본계획	국무총리는 위원회의 심의·의결을 거쳐 최소한 3년마다 보완
정부업무평가 시행계획	국무총리는 기본계획에 기초하여 연도별 수립·시행

(2) 중앙정부 각 부처의 정부업무평가제도

① 기획재정부 : 재정사업자율평가
② 국무조정실 : 주요정책과제 평가
③ 환경부 : 환경영향평가
④ 여성가족부 : 성별영향평가

테마 25 　**정책변동**

(1) 의의

정책평가 후 또는 정책과정의 진행 도중에 획득하게 되는 새로운 정보·지식 등을 다른 단계로 환류시켜 정책 내용이나 정책집행 방법상의 변화를 가져오는 것

(2) 유형

① 정책혁신 : 새로운 정책을 결정하고 만드는 것(사이버범죄 폭증으로 사이버수사대 신설)
② 정책승계 : 정책의 목표는 변경시키지 않고 기존정책의 근본적 수정이나 새로운 정책으로 대체하는 것 (부동산 정책의 주요수단으로 대출규제에서 공급확대로 선회)
③ 정책유지 : 본래의 정책목표를 달성하기 위해 정책의 기본적 특성을 그대로 유지하면서 정책수단은 완만하게 변경(아파트에 대한 대출을 60%에서 40%로 축소)
④ 정책종결 : 기존정책 폐지

▶ 정책변동의 유형

구분	변동여부		
	정책목표	정책의 근본적 성격	정책수단
정책혁신	○	○	○
정책승계	×	○	○
정책유지	×	×	○
정책종결	○	○	○

(3) 정책변동모형

① 정책흐름모형 : 문제의 흐름, 정치의 흐름, 정책의 흐름들이 상호 독립적인 경로를 따라 진행되다가 어떤 계기로 서로 교차될 때 정책의 창이 열리고 정책변동이 이루어진다고 봄
② 정책지지연합모형 : 10년 이상의 기간에 걸쳐 신념체계에 기초한 지지연합 간의 상호작용과 정책학습 및 정치체제의 변화와 사회경제적 환경변화로 인해 정책변동이 이루어진다고 봄
③ 정책 패러다임 변동모형 : 정책목표, 정책수단(기술), 정책환경 등 3가지 변수 중 정책목표와 정책수단에 급격한 단절적 변화를 가져오는 정책변동을 정책 패러다임변동으로 개념화한 이론으로 여기에서 정책 패러다임이란 정책결정자들이 정책문제의 본질을 파악하고 정책목표와 정책수단을 구체화하는 데 있어서 적용하는 일정한 사고와 기준의 틀을 의미
④ 단절균형모형 : 정책변동은 사회경제적 위기(IMF사태)나 군사적 갈등과 같은 강력한 외부적 충격(중요한 분기점)에 의해 단절적으로 급격하게 발생
⑤ 이익집단위상변동모형 : 이익집단의 위상이 변동될 때 정책도 변동된다고 봄
⑥ 시차이론 : 정책수단들이 어떤 순서와 시점에서 조합되느냐에 따라 정책효과가 달라진다 봄

블루행정학
합격 서브노트

PUBLIC
ADMINISTRATION

제 03 장

조직론

Blau & Scott (수혜자)	① 호혜적 조직(조직구성원이 수혜자 – 정당) ② 기업조직(소유자가 수혜자 – 기업) ③ 공익조직(일반대중이 수혜자 – 행정기관) ④ 서비스 조직(고객집단이 수혜자 – 병원)
T. Parsons (체제의 기능)	① 적응기능 : 경제조직(민간기업) ② 목표달성기능 : 정치조직(정당, 행정기관) ③ 통합기능 : 통합조직(경찰, 사법기관) ④ 체제유지기능 : 체제유지조직(교회, 학교)
Mintzberg	① 단순 구조(소규모의 집권화된 조직) : 최고관리층이 지배, 직접감독에 의한 조정 ② 기계적 관료제(단순하고 표준화된 업무를 수행하는 대량생산 조직) : 작업과정의 표준화하는 기술구조, 작업과정의 표준화 ③ 전문적 관료제(종합병원·법률회사 같이 전문적 작업을 수행하는 조직) : 전문성을 지닌 작업계층(핵심운영층), 작업기술의 표준화, 복잡·안정적인 환경 ④ 할거적 양태(사업부제 : 대기업과 같이 기능적으로 분화된 부분이 각자 자신의 구조를 갖고 있는 조직) : 조직 내 부서의 장(계열사 사장, 본부장 등)과 같은 중간관리층, 산출물의 표준화, 성과관리에 적합, 기능중첩 ⑤ 임시체제(창의적인 광고회사나 설계회사와 같이, 복잡하고 융통성이 큰 구조를 지닌 조직) : 지원참모가 가장 지배적, 구성원의 상호조절

▶ Mintberg의 5가지 조직유형

분류	단순구조	기계적 관료제구조	전문적 관료제구조	사업부제구조	Adhocracy
핵심부분 조정기제	최고관리층 직접통제	기술구조 업무표준화	핵심운영층 기술표준화	중간관리층 산출물표준화	지원참모 상호조절
환경 권력	단순, 동태적 최고관리자	단순, 안정적 기술관료	복잡, 안정 전문가	단순, 안정적 중간관리층	복잡, 동태적 전문가
예	신생조직	행정부	대학교	기업의 사업부	연구소

테마 02 ▸ 조직구조의 모형 - Daft

(1) 구체적 유형

① 기능구조

  ㉠ 조직의 전체 업무를 공동 기능별로 부서화한 것(집권적 권한, 전문화된 직무를 특징으로 하는 기계적 구조) → 수평적 조정의 필요성이 낮을 때 효과적인 조직구조

  ㉡ 장점 : 규모의 경제, 전문지식과 기술제고, 각 기능부서 내의 응집성이 강하고 조정용이

  ㉢ 단점 : 부서 간 조정과 협력곤란, 환경변화에 둔감

② 사업구조

  ㉠ 한 제품을 생산하는 데 필요한 모든 기능적 직위들이 한 부서 내로 배치된 자기 완결적 단위, 사업부내 기능 간 조정용이

  ㉡ 장점 : 환경변화에 신축적 대응, 성과관리유리, 구성원의 동기부여증진

  ㉢ 단점 : 산출물별 기능중복으로 효율성 저해, 사업부서간의 조정곤란

③ Matrix 구조(복합조직, 행렬조직)

  ㉠ 조직 환경이 복잡해지면서 기능부서의 기술적 전문성이 요구되는 동시에 사업부서의 신속한 대응성이 증대되면서 등장한 조직 형태

  ㉡ 이원적 권한체계 – 명령통일의 원리 위배

  ㉢ 조직구성원은 양 조직에 중복 소속

④ 수평구조(팀구조)

  ㉠ 특정한 업무과정에서 일하는 개인을 팀으로 모아 의사소통과 조정을 쉽게 하고, 고객에게 직접적으로 가치를 제공하도록 하는 조직방식

  ㉡ 조직구조가 핵심업무과정에 기초(개발 – 구매 – 생산 – 주문처리 등)

  ㉢ 기본 구성단위는 과업수행에 필요한 자원에 접근하고 의사결정 권한을 갖는 자율팀

⑤ 네트워크 구조

  ㉠ 조직의 자체기능은 핵심역량 위주로 합리화하고, 여타 기능은 외부기관들과 계약관계를 통해 수행하는 조직구조 → 정보통신기술의 확산으로 채택된 새로운 조직으로 연계된 조직 간에는 수직적 계층구조가 존재하지 않으며 자율적으로 운영

  ㉡ 외부기관의 직접 통제가 곤란하여 대리인문제 발생, 응집력 있는 조직문화 형성 저해

(2) 기계적 구조와 유기적 구조

구분	기계적 구조	유기적 구조
장점	예측가능성	적응성
조직특성	• 계층제 • 좁은 직무범위 • 표준운영절차 • 분명한 책임관계 • 공식적/몰 인간적 대면관계	• 분화된 채널 • 넓은 직무범위 • 적은 규칙·절차 • 모호한 책임관계 • 비공식적/인간적 대면관계
상황 조건	• 명확한 조직목표와 과제 • 분업적 과제 • 단순한 과제 • 성과측정이 가능 • 권위의 정당성확보	• 모호한 조직목표와 과제 • 분업이 어려운 과제 • 복합적 과제 • 성과측정이 어려움 • 도전받는 권위

테마 03 ▶ 조직이론의 전개

구분	고전적 이론	신고전적 이론	현대적 조직이론
해당이론	과학적 관리론, 행정관리론, 관료제론	인간관계론, 행태론	체제론 이후
인간관	합리적·경제적 인간	사회적 인간	복잡한 인간
가치	기계적 능률성	사회적 능률성	다원적 목표·가치
주요연구대상	공식적 구조	비공식적 구조	동태적·유기체적 구조
주요변수	구조	인간	환경
환경과의 관계	폐쇄적	대체로 폐쇄적	개방적

> **참고** **혼돈이론(카오스이론)**
>
> 예측할 수 없는 혼란상태인 혼돈 속에 숨겨진 질서를 찾아내어 장기적인 변동의 경로와 양태를 찾아보려는 접근방법
> ① 통합적 연구 : 혼돈이론은 복잡한 문제를 단순화·정형화시키지 않고 '있는 현상' 그대로 인식하고자 하는 통합적 접근을 취한다.
> ② 결정론적 혼돈 : '질서있는 무질서'이며 불규칙한 듯 보이는 현상 속에 내재되어 있는 숨겨진 패턴을 결정론적 혼돈이라 한다.
> ③ 자기조직화 : 혼돈상황 하에서도 조직의 자생적 학습능력과 자기조직화를 통해 체제의 항상성을 유지하고 새로운 질서를 창출할 수 있다고 본다.(학습을 위한 학습의 원칙)
> ④ 이중순환적 학습 : 근본적인 사고방식의 전환을 가져오는 학습
> ⑤ 탈관료제적 처방 : Project Team과 Task Force

테마 04 ▶ 조직 목표

(1) 의의

① 개념 : 조직이 실현하고자 하는 미래의 바람직한 상태

② 기능

    ㉠ 조직이 나아가야 할 방향과 조직구성원들의 행동의 기준을 제시

    ㉡ 조직의 존립과 활동을 정당화하는 근거를 제시

    ㉢ 조직구성원들에게 일체감을 형성하고 조정을 촉진시키는 기능

    ㉣ 효과성의 평가기준

(2) 조직목표의 모호성과 조직목표의 일치

① 조직목표의 모호성

    ㉠ 개념 : 조직목표가 분명하지 않아 목표를 여러 가지 의미로 받아들이고 해석하는 경우

    ㉡ 형태 : 사명이해 모호성, 지시적 모호성, 평가적 모호성, 우선순위 모호성

② 조직목표의 일치

    ㉠ 개념 : 조직목표에 대한 경쟁적 해석 가능성이 없다는 의미

    ㉡ 형태 : 수직적 일치, 수평적 일치

(3) 조직목표의 변동과 원인

변동유형	개념	특징
목표의 전환 (대치, 전치)	목표 ↔ 수단	• 목표왜곡 : 목표와 수단의 전도 • 조직차원 : 과두제의 철칙(Michels), 유형적 목표의 추구, 조직내부문제의 중시 • 법규차원 : 규칙·절차의 집착에 의한 동조과잉(Merton)
목표의 승계	A → B로 승계	본래목표가 달성되었거나 달성이 불가능한 경우, 조직이 새로운 목표를 추구하는 현상(미국 소아마비재단 : 소아마비 예방과 치료 → 장애자 출산의 방지)
추가·다원화	A → A+B	목표가 늘어나는 경우
목표의 확대	A → A+α	목표의 범위가 확대
비중변동	A>B → B>A	목표간 우선순위나 비중이 변동하는 것

(4) 조직효과성 평가

① 조직 효과성 : 조직의 목표를 달성한 정도를 의미하며, 주로 산출의 결과로 파악

② 효과성 평가모형

  ㉠ 목표모형 : 조직의 목표달성도를 평가기준으로 삼는 모형

  ㉡ 체제모형 : 조직을 하나의 체제로 보고 체제의 기능적 요건을 기준으로 조직을 평가하려는 모형

  ㉢ 이해관계자모형 : 조직이 내외부의 이해관계자들(고객, 정치인, 이익집단 등)의 욕구를 만족 시키는 것을 평가기준으로 삼는 모형

  ㉣ 경합가치모형 : 조직효과성의 측정을 가치에 근거하여 평가하는 방법

테마 05 조직의 구조적 특성

(1) 조직구조의 구성요소 – 지위와 역할, 권력과 권위

기준	유형	특징
권력의 기초 (French, Jr & Raven	정통적 권력	권력획득의 정당성
	보상적 권력	보상을 해줄 수 있는 능력
	전문가적 권력	전문가적 지식
	준거적 권력	상대방의 권력주체에 대한 동화
	강압적 권력	처벌, 즉 강제력
수용의 근거 (H. A. Simon)	신뢰의 권위	신뢰에 의한 권위
	일체화의 권위	동질감에 의한 권위
	제재의 권위	불리 또는 유리한 제재에 의한 권위
	정당성의 권위	법규·규범·규칙에 의한 권위

(2) 조직구조의 기본변수

① 복잡성 : 수평적·수직적·장소적 분화수준
② 집권성 : 조직 내 권력배분의 양태(권력의 위임 수준)
③ 공식성 : 업무의 표준화, 문서화의 정도

▶ 공식성의 장·단점

장점	단점
① 행정의 예측 가능성과 안정성을 제고 ② 구성원의 행동이 정형화되어 통제가 용이하고 업무처리상 혼란을 방지하며 시간과 노력의 절감으로 효율적이고 신속한 과업수행 가능 ③ 루틴화된 규범에 의한 공정·공평한 과업 수행 ④ 담당자가 교체되어도 업무의 연속성 유지 가능	① 유동적인 상황 하에서 탄력적 대응성 저하 ② 문서주의나 번문욕례(Red-tape), 동조과잉야기 ③ 상하간의 비민주적·비인간적인 의존관계형성 ④ 구성원의 자율과 재량이 제약되어 인간소외 현상 야기

(3) 조직구조의 상황변수

① 규모 : 조직의 크기를 의미(구성원의 수, 조직 예산의 규모)

② 환경 : 조직의 경계 밖에 있으면서 조직에 영향을 미치는 모든 요소

③ 기술 : 조직에 대한 투입을 산출로 전환시키는 방법

   ㉠ Thompson의 기술유형론

기술유형	상호의존성	조정 방법
길게 연결된 기술	연속적 상호의존성	정기회의(자동차 생산라인)
중개적 기술	집합적 상호의존성	규칙, 표준화(은행, 우체국)
집약형 기술	교호적 상호의존성	수평적 상호조정(종합병원)

   ㉡ Perrow의 기술유형론

구분		과업의 다양성	
		낮음	높음
기술의 분석가능성	낮음	• 장인기술(예술) 　－ 소량의 풍성한 정보	• 비일상적 기술(연구) 　－ 다량의 풍성한 정보
	높음	• 일상적 기술(제조업무) 　－ 소량의 분명한 계량적 정보	• 공학적 기술(회계업무) 　－ 다량의 계량적 정보

(4) 조직구조의 기본변수와 상황변수 관계

구 분	복잡성	공식성	집권성
규모(大)	+	+	−
(비일상적)기술	+	−	−
(불확실한)환경	−	−	−

테마 06 ▶ 조직의 원리

(1) 분업과 조정의 원리

① 분업(분화)의 원리 : 조직의 기능적인 분화를 설명하는 원리로서 전문화의 원리, 부성화(부처편성)의 원리, 참모조직의 원리, 동질성의 원리, 기능명시의 원리 등

② 조정(통합)의 원리 : 조직구조를 통합하기 위한 조정의 원리, 계층제의 원리, 명령통일의 원리, 명령계통의 원리, 통솔범위의 원리(통솔범위와 계층의 수는 반비례) 등

(2) 고전적 조직의 원리

원리	특징
계층제의 원리	권한과 의무와 책임의 정도에 따라 상하 간 등급을 설정하는 것
통솔범위의 원리	한 사람의 상관이 효과적으로 통솔할 수 있는 적절한 부하의 수
명령통일의 원리	구성원은 오직 한사람의 상관으로부터 명령을 받고 보고하는 것
전문화의 원리 (분업의 원리)	직무를 성질별로 나누어 한 사람에게 한가지의 주된 업무를 분담하는 것
조정의 원리	공동목적 달성을 위한 집단노력을 질서정연하게 배열하는 것

① 계층제

㉠ 의의 : 권한과 책임의 정도에 따라 수직적 계층을 설정하고 지휘명령체계를 확립한 구조

㉡ 필요성 – 통솔범위의 한계

㉢ 순기능과 역기능

순기능	역기능
• 지시·명령·권한위임의 통로 • 갈등과 분쟁조정수단 • 조직의 통일성과 일체감유지 • 권한과 책임한계 설정기준 • 상하간의 의사전달통로	• 계층의 수가 많으면 의사소통의 왜곡 • 기관징의 독단직 결정 • 부처할거주의 초래 • 피터의 원리 야기 • 조직의 경직화 초래

② 전문화

    ㉠ 의의 : 조직의 업무를 종류와 성질별로 구분하여 조직구성원에게 가급적 한 가지의 주된 업무를 분담시킴으로써 조직의 효율성을 높이려는 것

    ㉡ 유형

		수평적 전문화	
		높음	낮음
수직적 전문화	높음	비숙련직무(생산부서의 일)	일선관리직무
	낮음	전문가적 직무	고위 관리업무(조직의 정책과 전략을 결정)

    ㉢ 순기능과 역기능

순기능	역기능
• 업무를 익히는데 걸리는 시간을 단축함으로써 능률성을 증진 • 반복적 업무수행으로 전문성 증진 • 특정분야의 전문가 양성에 유리 • 작업전환에 드는 시간 단축	• 업무에 대한 흥미상실 및 비인간화(인간의 부품화) • 할거주의로 인한 조정이 어려움 • 전문가적 무능 또는 훈련된 무능현상 야기 • 업무량의 변동이 심한 유동적 환경에 부적합

③ 조정기제

    ㉠ 수직적 조정기제 : 계층제, 규칙과 계획, 수직정보시스템

    ㉡ 수평적 조정기제 : 통합정보시스템, 태스크포스, 프로젝트팀, 차관회의, 연락담당자 지정

테마 07 ▶ 근대 관료제의 이념형 – 합법적 지배에 근거한 관료제

(1) 관료제의 특징과 기능

특징	순기능	역기능
권한과 관할권의 법규화 (법과 규칙의 강조)	① 조직구조의 공식성 제고 ② 공평·공정·통일적인 업무수행	① 지나친 법규강조로 목표의 전환(동조과잉) ② 획일성과 경직성 ③ 변화에 대한 대응성 결여
계층제	① 조직내의 수직적 분업 및 갈등조정 ② 질서유지	① 조직내 의사소통의 왜곡과 지연 ② 권력의 집중현상과 조직의 경직성 ③ Peter의 법칙 (연공서열중시)
전문화, 분업화	① 전문행정가 양성 ② 능률 증진	① 훈련된 무능(Trained incapacity) ② 할거주의에 따른 협조의 곤란
몰 개인성 (비 정의성)	① 객관적 사실과 법규에 근거한 행정 구현 ② 공평무사한 업무처리	비인간적인 관료 양성
문서주의	직무수행의 공식성과 객관성	형식주의, 번문욕례(Red-tape)
전임직업화	일관성과 안정성 제고	무사안일주의, 독선주의
집권화	조직에 대한 효과적인 조정	권위주의적 행태

(2) 관료제의 병리현상과 쇄신방안

구분	병리현상	쇄신방안
구조적 측면	① 할거주의(Sectionalism) ② 전문가적 무능	① 조직의 동태화(Adhocracy) ② 참여 및 의사전달촉진 ③ 분권화와 권한위임
행태적(인간적) 측면	① 무사안일주의(변화에 대한 저항) ② 인간성 상실 및 인간소외 ③ 이기주의	① 발전지향적 행정행태확립 ② 행정관리의 민주화 ③ 행정윤리의 확립
환경적 측면	① 서면주의, 형식주의 ② 목표와 수단의 전도(동조과잉) ③ 환경적응능력 부족	① 사회환경의 정화 ② 국민의식 수준향상 ③ 관료에 대한 민주적 통제강화

(1) 탈관료제 모형

① Bennis의 적응적·유기적 구조 : 비계층제적 구조, 잠정적인 구조배열, 권한이 아닌 능력이 지배하는 구조, 민주적 방법에 의해 감독되는 구조
② White의 경계를 타파한 변증법적 조직(고객중심적 조직)
③ R. Golembiewiski의 견인이론 : 견인이론에 입각한 구조의 특성으로는 일의 흐름 중시, 다방향적 권한관계, 넓은 통솔범위, 외재적 통제의 최소화, 높은 적응성 등
④ Kirkhart의 연합적 이념형 : 프로젝트팀의 구성, 상황적응적 권한구조, 잠정적 구조와 고용관계, 목표 추구방법과 수단의 다양성, 자율과 협동, 고객집단의 참여, 사회적 계층화의 억제
⑤ Linden의 이음매 없는 조직 : 분할적·분산적인 방법이 아니라 총체적·유기적인 방법으로 구성된 조직으로 기능별·조직단위별로 조각난 업무를 재결합시켜 고객에게 원활하고 투명한 그리고 힘 안들이고 누릴 수 있는 서비스를 제공하는 조직

(2) 유형

1) Project Team과 Task Force
① Project team : 특정사업을 추진하거나 과제를 해결하기 위하여 전문가나 관계 요원으로 구성되는 임시적·동태적 조직으로(문제해결에 적합한 조직)
② Task Force : 특별한 임무를 수행하기 위하여 편성되는 임시조직인 전문가조직

▶ Project Team과 Task Force의 비교

구분	Project Team	Task Force
구조	수평적 단위의 직원으로 구성	입체적·계층적 단위의 직원으로 구성
존속기간	임시적·단기적 성향	장기적 성향
규모	소규모(부문 내에 설치)	대규모(부문 간에 설치)
설치근거	불필요	필요
소속관계	소속기관에서 탈퇴하고 일시차출(임시직적)	정규부서에서 이탈하여 전임제로 근무(정식차출)

2) Matrix 구조(복합조직, 행렬조직)

   ① 의의 : 조직 환경이 복잡해지면서 기능구조의 기술적 전문성과 사업구조의 신속한 대응성이 동시에 강조됨에 따라 등장한 조직구조

   ② Matrix 구조가 필요한 상황

      ㉠ 부서 간 상호의존성이 증가하고, 생산라인 간 부족한 자원을 공유해야 할 압력이 존재할 때

      ㉡ 빈번한 외부환경의 변화에 따라 산출의 변동이 빈번해야 한다는 요구가 있어 기술적 전문성과 수시적 제품개발의 압력이 있을 때

      ㉢ 환경의 불확실성이 커 조직운영의 신축성과 융통성이 필요한 때

      ㉣ 수직적·수평적 정보의 유통과 조정의 필요성이 클 때

   ③ 장·단점

장점	단점
• 기술적 전문성과 사업라인의 혁신 동시충족 • 능력발전과 동기부여 • 불확실한 환경에 신속한 대응 • 의사전달 활성화로 의사결정의 합리화	• 명령의 이원화에 따른 역할 갈등 • 권한과 책임의 한계 불명확 • 신속한 결정곤란 • 기능부서 간 할거주의

3) 네트워크 구조 : 각기 독자성을 지닌 조직 간의 협력적 연계장치로 구성된 조직

   ① 의의 : 한 조직 내에서 모든 기능을 수행하는 방식에서 탈피하여 조직의 자체기능은 전략·계획·통제 등 핵심역량 위주로 합리화하고 여타 부수기능들은 외부기관들과의 계약관계(아웃소싱)를 통하여 수행하는 구조

   ② 기본원리

      ㉠ 자발적 연결   ㉡ 공동의 목적

      ㉢ 통합지향성(수직적·수평적 통합)   ㉣ 독립적인 구성원

      ㉤ 집권·분권의 조화   ㉥ 다수의 지도자

   ③ 장·단점

장점	단점
• 지식공유 • 직접 감독에 필요한 비용·시간 절약 • 환경변화에 대한 신속한 대응 • 자율성이 높아 직무동기와 사기증진 • 시·공간상 제약 극복	• 연계기관에 대한 직접통제 곤란 • 대리인 문제(감시비용)발생 • 조직정체성이 약해 응집력있는 조직문화형성 저해 • 서비스의 안정적 공급 곤란

(1) 개념

개방체제와 자기실현적 인간관을 바탕으로 구성원이 새로운 지식을 창출하고 이를 조직 전체에 보급하여 조직 자체의 성장·발전·업무수행능력을 증가시킬 수 있도록 지속적인 학습 활동을 전개하는 조직(핵심 – 협력을 통한 문제해결역량을 향상시키는 조직)

(2) 이론적 기반

① 전문적 소양(자기완성)　　　② 새로운 세계관(사고의 틀)
③ 비전의 공유　　　　　　　④ 팀(집단적) 학습
⑤ 시스템적(체제적) 사고

(3) 관료제조직과 학습조직의 비교

구분	관료제조직	학습조직
지향	효율성 지향	문제해결력 지향
구조	기능 중심의 수직구조	업무 프로세스 중심의 수평구조
과업	전문화·분업화된 과업	재량권과 책임이 부여된 과업
활동	경쟁 중시	협력(상호작용) 중시
정보활용	정보의 독점	정보의 공유 및 이전
권력	직위에 기반한 권력	지식에 기반한 권력

(4) 학습조직의 특징

① 지식의 창출·공유·활용에 능숙 ➔ 문제해결능력 향상
② 수평적이고 유연한 조직구조 ➔ 기본 구성단위 : 팀
③ 학습형 리더십 ➔ 비전 창출, 학습지원
④ 시행착오적 학습 ➔ 개인에 대한 성과급, 신상필벌 거부
⑤ 구성원의 권한 강화 ➔ 자율적 학습
⑥ 강한 조직문화 형성 ➔ 지식공유

테마 10 우리나라 정부조직체계

- **중앙정부조직 – 19부 3처 19청**

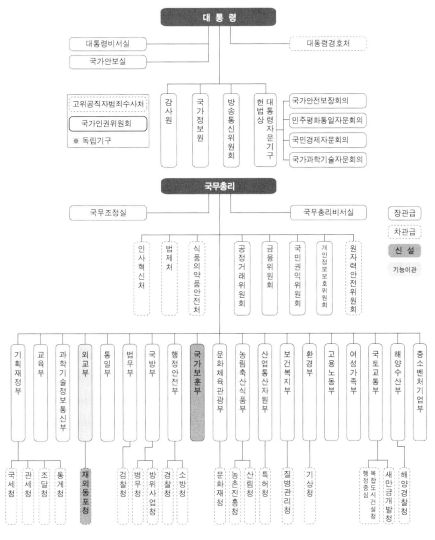

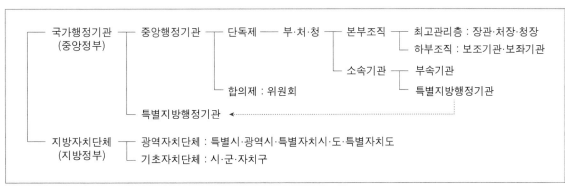

테마 11 계선과 막료

(1) 의의

① 계선 : 명령복종의 수직적 계층구조를 형성하여 행정목표달성에 직접적으로 기여하는 기관(정부조직법상 보조기관) 예 장관 – 차관 – 실·국장 – 과장 등

② 막료 : 계선기관을 지원하면서 행정목표를 간접적으로 수행하며 계선기관이 효과적인 목표 성취를 하도록 보좌하는 기관(정부조직법상 보좌기관) 예 차관보, 심의관, 담당관 등

(2) 계선과 막료의 특징

계선의 특징	막료의 특징
계층제 형태(수직적 상하관계)	계층제 형태를 띠지 않음(수평적 대등관계)
조직목표달성에 직접 기여하고 책임 짐	조직목표달성에 간접적으로 기여
구체적인 결정권·명령권·집행권 행사	구체적인 집행·명령권을 행사할 수 없음
일반 행정가 중심	해당분야 전문가 중심

(3) 장·단점

구분	계선	막료
장점	① 권한과 책임한계가 명확하여 능률적인 업무수행 ② 신속한 결정으로 시간과 경비절약 ③ 적은 운영비용 ④ 강력한 통솔력 행사, 소규모 조직에 적합	① 계선기관의 결함 보완 ② 전문적 지식과 경험에 의한 합리적·창의적 결정 및 행정의 전문화에 기여 ③ 계선의 통솔범위 확대 ④ 조직의 신축성·동태성 확보
단점	① 최고관리자의 독단적인 결정 초래 ② 최고관리자의 업무부담 과중 ③ 상황변화에 대한 신축성 결여 ④ 할거주의 야기	① 계선기관과의 대립·충돌 가능성 ② 결정의 지연가능성 ③ 참모기관에 소요되는 경비의 과다 ④ 계선과 참모 간 책임전가

테마 12 ▶ 공식조직과 비공식조직

(1) 의의

① 공식조직 : 조직목표를 달성하기 위하여 법령 등에 의해 공식적으로 업무와 역할을 할당하고, 권한과 책임을 부여하는 조직

② 비공식조직 : 조직구성원 상호간의 접촉이나 친근관계로 인하여 형성되는 조직으로서 구조가 명확하지 않은 조직

(2) 공식조직과 비공식조직 비교

공식조직	비공식조직
조직의 목표달성을 위하여 존재	감정·욕구의 충족을 위하여 존재
인위적 조직	자연발생적 조직(자생적 집단)
제도적으로 명문화	현실적·동태적 대면(對面)조직
능률의 논리, 기계적 능률	감정의 논리(구성원의 욕구), 사회적 능률
합리적 원리	비합리적 원리
전체적 질서	부분적 질서
가시적 조직	비가시적 조직
수직적 관계	수평적 관계
과학적 관리론에서 강조	인간관계론에서 강조

(3) 비공식조직의 순기능과 역기능

순기능	역기능
① 구성원의 안정감·만족감·사기 향상 ② 공식지도자의 지도능력 보완 ③ 의사전달의 촉진·보완 ④ 협력관계를 통해 업무능률 증대	① 정실행위·파벌조성(할거주의)의 가능성 ② 의사전달의 왜곡 가능성 ③ 목표달성 저해(전체목표 달성) ④ 근거와 책임의 불분명

위원회(수평적인 합의제 조직)

(1) 의의

① 위원회는 다수에 의한 의사결정이 이루어지는 합의제 조직구조

② 정책의 결정을 단일인이 하지 않고 복수의 구성원이 토론에 의해 도출하는 복수지배형태의 수평적 분권제, 합의체, 회의식 조직

(2) 위원회의 장·단점

장점	단점
① 이견의 조정과 행정의 민주성 도모	① 결정의 신속성저해, 기밀성의 유지 곤란
② 행정의 중립성·계속성확보	② 결정과정상의 비효율과 낭비
③ 결정의 신중성·공정성 향상	③ 타협적 결정의 가능성
④ 다수의 중지를 모아 합리적·창의적인 결정	④ 위원들의 책임회피로 책임성 저하
⑤ 다양한 전문가들의 참여를 통한 전문성 향상	⑤ 정부정책의 정당화 수단으로 악용

(3) 위원회의 유형

① 행정위원회(광의)

  ㉠ 행정위원회(협의) : 독립지위를 가진 행정관청으로 법률에 의해 설치, 의사결정의 법적구속력이 있고 집행권을 보유(중앙선거관리위원회, 국가인권위원회, 국민권익위원회, 방송통신위원회, 공정거래위원회, 금융위원회, 개인정보보호위원회 등)

  ㉡ 의결위원회 : 의사결정의 법적구속력이 있으나 집행권이 없음(징계위원회, 소청심사위원회, 공직자윤리위원회, 토지수용위원회, 행정심판위원회 등)

② 자문위원회 : 자문기능만 수행할 뿐 의사결정의 법적구속력이 없다.(노사정위원회, 국민대통합위원회, 정부업무평가위원회 등)

③ 조정위원회 : 상이한 의견이나 입장을 조정·통합하여 합의에 도달하려는 목적으로 설치된 위원회(차관회의, 경제관계장관회의, 지방자치단체중앙분쟁조정위원회, 중앙노동위원회 등)

④ 독립규제위원회 : 행정위원회의 일종으로서 행정부로부터 독립하여 준입법권·준사법권을 가지고 시장경제에 대한 규제기능을 수행하는 위원회(중앙선거관리위원회, 공정거래위원회, 금융위원회 등)

테마 14 공공기관

(1) 구분

① 공기업 : 자체수입액이 총수입액의 1/2 을 초과하는 기관

    ㉠ 시장형 공기업 : 자산규모가 2조원 이상, 총수입액 중 자체수입액이 85% 이상인 기관

    ㉡ 준시장형 공기업 : 총수입액 중 자체수입액이 50% 이상 85% 미만인 기관

② 준정부기관 : 법적 지위, 공공기능, 자율성, 비영리성

    ㉠ 기금관리형 준정부기관 : 기금을 관리하거나 관리를 위탁받은 준정부기관

    ㉡ 위탁집행형 준정부기관 : 기금관리형기관이 아닌 준정부기관

③ 기타공공기관 : 공기업과 준정부기관을 제외한 공공기관

④ 공기업·준정부기관의 지정기준 : 정원 300명, 총수입액 200억, 자산규모 30억 이상

▶공기업과 준정부기관의 제도적 특성의 차이점

구 분	공기업	준정부기관
제도의 실체	상업적 활동을 수행하는 정부소유의 기업조직	정부 업무와 공적 기능을 수행하는 독립적인 공공비영리기관
설립근거	민간기업의 대체 수단	정부조직의 대체 수단
대상 업무	시장실패(자연독점)가 발생하는 사업성이 강한 재화 및 서비스	정부실패로 인한 비효율적인 정부업무
사업의 특성	공익사업적 성격의 재화 및 서비스	사업적·집행적 성격의 정부업무, 정부의 위임업무
조직의 공공성	기업성 > 공공성	공공성 > 기업성
정부의 통제수준	자율 > 통제	통제 > 자율
재원확보 수단	판매수입(요금), 정부 보조금	정부 출연금, 사용료, 수수료

(2) 공공기관 지정

① 기획재정부장관은 다음의 기관을 공공기관으로 지정할 수 없음

    ㉠ 구성원 상호 간의 상호부조·권익향상 또는 영업질서 유지 등을 목적으로 설립된 기관

    ㉡ 지방자치단체가 설립하고, 그 운영에 관여하는 기관

    ㉢ 한국방송공사(KBS), 한국교육방송공사(EBS)

② 공공기관 지정내역

공기업	시장형	한국가스공사, 한국전력공사, 인천국제공항공사, 한국공항공사, 한국석유공사, 한국지역난방공사, 한국광물자원공사, 한국수력원자력, 강원랜드, 한국도로공사등
	준시장형	한국방송광고공사, 한국마사회, 한국토지주택공사, 한국수자원공사, 한국철도공사 등
준정부기관	기금관리형	신용보증기금, 예금보험공사, 공무원연금관리공단, 국민연금공단, 근로복지공단, 국민체육진흥재단, 한국문화예술위원회 등
	위탁집행형	한국관광공사, 한국농어촌공사, 대한무역투자진흥공사, 한국장학재단, 한국연구재단, 에너지관리공단, 국민건강보험공단, 국립공원관리공단, 한국환경공단, 교통안전공단, 한국정보화진흥원, 한국소비자원, 도로교통공단 등
기타공공기관		한국산업은행, 대한법률구조공단, 국방과학연구소, 수도권매립지관리공사, 한국원자력문화재단, 부산항만공사, 인천항만공사, 사립학교교직원연금관리공단, 한국언론진흥재단 등

(3) 공공기관의 경영

① 기획재정부장관은 조직운영, 정원, 인사, 예산 등에 관한 경영지침을 통보
② 주무부처는 공기업 및 준정부기관의 경영실적을 평가하고, 평가결과 경영실적이 부진한 공기업과 준정부기관의 기관장 또는 상임이사의 해임을 건의하거나 요구가능
③ 주무기관장은 기관장과, 기관장은 상임이사 등과 성과계약을 체결
④ 공기업의 인사 : 기관장, 감사 −대통령, 상임이사−공기업의 장, 비상임이사−기재부장관

(4) 공기업

① 개념 : 국가 또는 지방자치단체가 소유하거나 지배하는 생산적 실체
② 설립동기 : 시장실패의 치유, 민간자본의 부족, 공공수요의 충족, 사회간접자본의 형성, 정치적 이념
③ 공기업의 유형

구분	정부부처형(정부기업)	주식회사형	공사형
독립성	없음(법인격)	있음(법인격)	
설치근거	정부조직법	상법 또는 특별법	특별법
출자재원	정부예산	5할 이상 정부출자	전액 정부출자
직원신분	공무원	임원 : 준공무원, 직원 : 회사원	
예산회계	정부기업예산법(특별회계)	공공기관운영에 관한 법률(독립채산제)	
예	우체국예금, 우편사업, 조달, 양곡관리	한국전력공사	대한주택공사 한국철도공사

테마 15 ▶ 책임운영기관(Agency)

(1) 의의

정책기능과 집행기능을 구분하여 집행기능을 담당하는 독립기관을 설치하고 이 기관에 인사·예산 등 조직운영에 자율성을 부여하는 반면, 운영성과에 대하여 책임을 지도록 하는 제도(기관의 성격은 정부조직이며 소속직원은 공무원)

(2) 구성요소

① 적용대상 : 집행업무 및 서비스 전달업무를 담당, 공공성이 강해 민영화가 곤란한 부분
② 경쟁 : 기관장은 개방형 직위로 공개경쟁 채용
③ 자율과 책임 : 소관 주무부장관과 성과계약을 맺고 임무를 수행하는 데 필요한 인사 및 예산상의 자율성을 누리는 대신, 사업성과에 대해 책임을 지도록 하는 조직
④ 예산 및 회계 : 자체수입이 높은 기관은 특별회계예산(특별회계는 계정별로 중앙행정기관장이 운용하고 기재부장관이 통합관리, 정부기업예산법 적용), 나머지는 일반회계예산

(3) 우리나라 책임운영기관 – 책임운영기관 설치·운영에 관한 법률

설치	행정안전부장관은 기획재정부 및 해당 중앙행정기관의 장과 협의하여 대통령령으로 책임운영기관을 설치
계획수립	행정안전부장관은 5년 단위로 책임운영기관 관리 및 운영에 관한 중기관리계획을 수립하고, 이에 따른 연도별 운영지침을 수립
기관장	① 공개경쟁 채용 ② 임기제 공무원(2~5년) : 개방형직위로 간주
정원	총 정원 한도는 대통령령으로 정하고 종류별 계급별정원은 총리령 또는 부령으로 정함
기관의 구분	• 소속책임운영기관(중앙행정기관의 소속기관으로 설치된 기관) • 중앙책임운영기관(정부조직법에 '청–특허청–'으로 설치된 기관)
소속 공무원 임용권	소속 공무원에 대한 임용권은 중앙행정기관장이 가지며, 일부를 책임운영기관장에게 위임
성과측정 및 평가	• 책임운영기관운영심의회(소속중앙행정기관 산하)–성과평가 • 책임운영기관운영위원회(행정안전부장관소속)–기관의 존속 여부 등에 관한 사항을 심의·평가

테마 16 동기부여이론

1. 내용(욕구) 이론

(1) Maslow의 욕구 5단계론(욕구계층제론)

① 생리적 욕구 → 안전욕구 → 사회적 욕구 → 존경욕구 → 자아실현욕구

② 5가지 욕구의 순차적으로 유발(하위욕구 → 상위욕구) : 욕구의 개인차를 고려하지 못해 욕구단계가 획일적, 욕구의 퇴행 불인정, 우성의 법칙에 따라 하위욕구가 가장 강력

(2) Alderfer의 ERG이론

① Maslow의 욕구단계이론은 '만족−진행 접근법'을 주장한 반면,

② Alderfer는 '좌절−퇴행접근'을 주장하고 동기부여 요인인 욕구의 복합성을 강조

(3) McGregor의 X·Y이론, 그리고 Z이론

① X, Y 이론적 인간관 및 관리전략

구분	X이론	Y이론
인간관	㉠ 인간의 본성은 게으르고 나태함 ㉡ 지시받는 것을 좋아하고 책임지기 싫어하며, 변화에는 저항적 ㉢ 자기중심적이며 조직요구에 무관심 ㉣ 수동적, 피동적, 소극적 성향	㉠ 일을 반드시 싫어하지는 않음 ㉡ 보람을 느끼는 일에 자발적이고, 책임의식이나 자기존경 욕구를 가짐 ㉢ 조직의 목표달성을 위해 자기규제를 자율적으로 할 수 있음 ㉣ 능동적, 적극적 성향
특징	통제중심의 전통적 이론	조직목표와 개인목표의 조화
관리전략	㉠ 당근과 채찍(보상과 처벌) ㉡ 경제적 보상, 권위주의적 리더십(엄격한 감독과 통제) ㉢ 집권과 참여의 제한	㉠ 조직목표와 개인목표를 조화 ㉡ 경제적 보상 + 인간적 보상 ㉢ 민주적 리더십 ㉣ 분권화와 권한위임

② Z이론의 유형

㉠ 룬드스테트(Lundstedt)의 Z이론 : 자유방임형 조직양태

㉡ 로리스(Lawless)의 Z이론 : 상황적응적 관리

㉢ 라모스(Ramos)의 Z이론 : 괄호인

㉣ 오우치(Ouchi)의 Z이론 : 미국사회에 적용된 일본식 조직형 − 장기적 고용관계, 완만한 승진, 일반 능력가주의적 경력발전, 직원에 대한 전인격적 관심, 개인적 책임

(4) Herzberg의 욕구충족요인 2원론 ➡ 불만요인과 만족요인은 상호 독립적

　　① 불만요인(위생요인) : 충족되어도 불만을 방지할 뿐, 적극적으로 만족감을 주거나 동기를 유발되는 않음, 불만의 반대는 만족이 아니고 불만이 없는 상태

　　② 만족요인(동기요인) : 충족시켜주면 동기가 유발되는 것, 만족의 반대는 불만이 아니고 만족이 되지 못한 상태

욕구단계	욕구내용	비고
위생요인 (Hygiene factor)	• 충족되지 않으면 불만을 야기하는 요인 • 환경과 관련되는 하위욕구	조직 정책 및 관리, 감독, 보수, 대인관계, 직업조건 등
동기요인 (Motivator)	• 충족되면 조직 성과와 관련되는 요인 • 직무와 관련되는 상위욕구	성취감, 인정감, 책임감, 만족감, 직무특성, 승진, 성장 발전 등

(5) Argyris의 성숙·미성숙 이론 및 악순환 모형

　　① 아지리스가 공식조직이 개인의 행태에 미치는 영향을 검토하면서 제시한 이론

　　② 인간은 유아기에서 성숙인으로 발전하면, 능동적·독립적·행동의 다양성·장기적 안목·자아의식을 갖춘 인간으로 변화

　　③ 공식조직은 인간을 미성숙상태를 고정시키는 것으로 관리층은 모든 조직구성원이 조직의 성공을 위해 일하도록 성장·성숙의 기회를 제공해야 한다고 주장

(6) McClelland의 성취동기이론

　　① 인간의 욕구는 사회문화와 상호작용하는 과정에서 취득되고 후천적으로 학습된 것이므로 개인마다 욕구계층에 차이가 있음(욕구의 개인차 고려)

　　② 맥클리랜드는 개인의 동기를 유발하는 욕구를 성취욕구, 권력욕구, 친교욕구로 구분하고 이 중 성취욕구의 충족에 의한 성취동기가 높을수록 생산성이 향상된다고 봄

　▶ 욕구이론들의 상·하위 차원

구 분	⟵　　　　 하위차원		상위차원　　　　 ⟶		
Maslow	생리적 욕구	안전욕구	사회적 욕구	존경욕구	자아실현욕구
Alderfer	생존(존재)욕구		관계욕구		성장욕구
McGregor	X이론		Y이론		
Herzberg	위생요인(불만족요인)		동기요인(만족요인)		
Argyris	미성숙이론		성숙이론		
Likert	체제 Ⅰ. 체제 Ⅱ(권위형)		체제 Ⅲ. 체제 Ⅳ(민주형)		

2. 과정이론

(1) 기대이론

① Vroom의 기대이론(VIE이론) : M = F(V, I, E)

ㄱ 기대감(Expectancy) : 노력을 투입하면 1차 결과(성과)가 있을 것이라는 주관적 기대감

ㄴ 수단성(Instrumentality) : 성과가 바람직한 보상을 가져다 줄 것이라고 믿는 주관적인 정도

ㄷ 유의성(Valance) : 2차 결과(보상)의 중요성에 대한 주관적인 선호의 강도

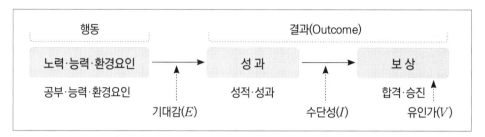

② Porter & Lawler의 업적 만족이론 : 포터와 롤러는 브룸의 기대이론을 수정하여 기대감과 유의성뿐 아니라 보상에 대한 개인의 만족감을 동기부여요인에 포함

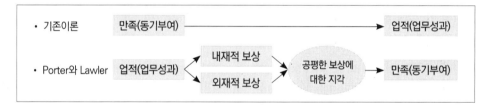

(2) Adams의 형평성(공정성)이론

① 조직구성원 간 처우의 형평성에 대한 인식이 동기부여에 영향을 미친다는 형평성이론을 제시하였다. 개인의 투입−산출비율이 타인(준거인)의 것과 비교했을 때 불공정하다고 지각하게 되면 불공정성을 해소하는 과정에서 개인의 동기가 유발

② 인간은 불공평한 처우에 대해 ㄱ 투입이나 산출(소득)을 변화시키거나, ㄴ 투입이나 산출에 대한 자신의 지각을 변화시키거나, ㄷ 준거인물을 바꾸거나, ㄹ 조직을 이동

(3) Locke의 목표설정이론

인간의 행동이 의식적인 목표와 성취의도에 의하여 결정된다는 이론으로 목표의 난이도와 구체성에 의하여 개인의 성과가 결정된다고 본다. 이 이론은 행동의 원인(개인의 목표)에 초점

(4) Hackman & Oldham의 직무특성이론

   ① 해크먼과 올드햄은 직무가 조직화되는 방법(직무특성)에 따라 조직원의 노력(동기부여) 정도가 달라진다고 봄

   ② 직무특성과 동기지수

$$\text{MPS(잠재적 동기지수)} = \frac{\text{기술다양성} + \text{직무정체성} + \text{직무중요성}}{3} \times \text{자율성} \times \text{환류}$$

   ③ 성장욕구가 높은 사람에게는 잠재적 동기지수가 높은 업무를, 성장욕구가 낮은 사람에게는 잠재적 동기지수가 낮은 업무를 맡기는 것이 바람직

(5) 학습이론(강화이론)

   ① 학습이론은 외적 자극에 의해 학습된 행동이 유발되는 과정을 설명하는 이론, 내용이론이 조직구성원의 행위를 유발하는 요인을 제시하고, 기대이론이 행위의 방향을 제시한다면, 학습이론은 행위의 지속성을 설명하는 이론

   ② '행동에 선행하는 자극 − 반응행동 − 행동의 결과'를 분석

강 화	적극적 강화	원하는 상황(보상)을 제공	→	특정 행동의 유도 (자극·반응 연계의 강화)
	소극적 강화(회피)	싫어하는 상황을 제거		

약 화	중단(소거)	원하는 상황(유인) 제공의 중단	→	기존 행동의 약화 (자극·반응 연계의 약화)
	처 벌	싫은 상황 제공이나 원하는 상황 제거		

참고 공공서비스 동기이론(Perry & Wise, 1990)

(1) 내용 : 금전적·물질적 보상 등 재정적·외재적 요인보다 지역공동체나 국가, 인류를 위해 봉사하려는 이타심 등 내재적 요인에 주목하여 종사자들이 개인이나 조직의 이익을 넘어서 공익을 위해 일하고 조직과 사회의 안녕을 위해 일하도록 만들어 주는 동기(공공봉사 동기)를 중시한다.

(2) 공공서비스 동기의 개념차원

   ① 합리적 차원 : 개인의 효용극대화를 바탕으로 한 행동(정책과정에 참여)

   ② 규범적 차원 : 규범을 준수하려는 노력에 따른 행동(공익에 대한 봉사)

   ③ 감성적(정서적) 차원 : 사회적 맥락에 대한 감정적 반응에 따른 행동(국민에 대한 희생, 사회적 약자 보호)

조직과 환경의 관계에 관한 거시조직이론

분석수준 \ 환경인식	결정론(조직 : 종속변수)	임의론(조직 : 독립변수)
개별조직	• 구조적 상황론(상황적응이론)	• 전략적 선택이론 • 자원의존이론
조직군	• 조직군 생태학이론 • 조직경제학(대리인이론, 거래비용이론) • 제도화이론	• 공동체 생태학이론

(1) 환경결정론

① 구조적 상황론 : 모든 상황에 적절한 유일한 조직유형은 없으며, 개별조직이 놓여있는 상황조건에 따라 조직구조나 관리방법이 달라져야 한다는 상황적합성이론

② 조직군 생태학이론 : 조직을 외부 환경의 선택에 따라 좌우되는 피동적 존재로 보아, 조직의 존속 및 소멸의 원인을 환경에 대한 적합도에서 찾는 극단적인 결정론(환경의 절대성 강조), 조직의 변화(변이 → 선택 → 보존), 종단면적 분석(시간차원의 분석)

③ 조직경제학이론

　㉠ 주인 - 대리인이론 : 대리손실의 최소화가 조직생존의 관건

　　ⓐ 대리손실 : 도덕적 해이, 역선택 현상

　　ⓑ 대리손실의 극복방안 : 정보의 균형화(행정정보공개제도, 주민참여, 입법예고제 등) 성과중심의 대리인 통제(인센티브 제공), 경쟁유도

　㉡ Williamson의 거래비용이론 : 조직은 거래비용이 최소화되는 방향으로 변화

　　ⓐ 가정 : 제한된 합리성과 불확실성, 인간의 기회주의적 행태, 자산의 속성(특히 자산의 전속성), 거래빈도 등에 의해 거래비용이 영향을 받음

　　ⓑ 시장에서의 거래비용이 조정비용(조직을 선택할 때 발생하는 비용)보다 크면 거래의 내부화(조직통합, 내부 조직화)가, 그 반대면 시장활용이 효율적

　　ⓒ M형조직(다차원조직)을 U형조직(기능조직)의 대안으로 제시

> 참고　**산업사회에서 위계조직(관료제)이 시장보다 효율적인 근거 – Williamson**
>
> 1. 인간의 제한된 합리성 완화
>   인간은 지식과 정보부족 등으로 제한된 합리성을 지니기 때문에 불확실하고 복잡한 시장보다는 집합적 의사결정의 내부비용을 감소시킬 수 있는 위계조직이 효율적
>
> 2. 정보의 편재(정보의 비대칭) 및 기회주의적 행동 극복
>   거래 상대방에 대한 정보부족과 이에 기인한 대리인의 기회주의적 행동이 발생하는 시장보다 위계조직이 효율적
>
> 3. 소수자 교환관계 극복
>   높은 자산 전속성으로 인하여 소수자 교환관계(독과점 형성)가 발생하는 시장보다 위계조직이 효율적

(2) 자유의지론(임의론)

① 전략적 선택이론 : 조직관리자의 상황판단이 관리자의 전략에 영향을 미치고, 다시 전략적 선택이 조직의 구조를 결정한다고 보는 이론

② 자원의존이론

　　㉠ 자원의존모형은 어떤 조직도 그 조직이 필요로 하는 모든 자원을 획득할 수 없다는 것을 전제로 최고관리자의 희소자원에 대한 통제능력이 환경을 조작하고 통제할 수 있다고 보는 이론

　　㉡ 따라서 조직과 환경과의 관계에서 조직의 희소자원을 획득하기 위한 능동적이고 적극적인 대응을 중시(임의론)

③ 공동체 생태학이론 : 환경에 대한 조직의 공동 대응전략

　　㉠ 공동체생태학 이론은 조직을 생태학적 공동체 속에서 상호의존적인 조직군들을 한 구성원으로 파악하고 이에 따라 조직의 행동과 환경적응과정을 설명하려는 이론

　　㉡ 또한 환경에 능동적으로 대처해 나가는 조직원들의 공동적인 노력을 설명해 주는 이론

조직문화

(1) 의의

① 개념 : 조직 구성원들이 공유하는 보편적인 사고방식·생활양식·행동양식 등의 총체
② 특징 : 학습성, 축적성, 보편성과 다양성, 공유성, 지속성과 변동성 등

(2) 조직문화의 유형

① 해리슨(Harrison) : 조직의 이념적 지향성 기준 – 권력지향, 역할지향, 과업지향, 인간지향
② 오우치(Ouchi) : 조직 내 거래비용 기준 – 시장문화, 관료제문화, 파벌문화
③ 딜과 케네디(Deal&Kennedy) : 위험에 대응하는 속도 기준 – 남성적 문화, 일하고 노는 문화, 사운을 거는 문화, 과정문화
④ 존스(Jones) : 현실의 인지 수준과 변화 여부 기준 – 정태적 동질문화, 정태적 이질문화, 변화적 동질문화, 변화적 이질문화,

(3) 더글라스의 집단 – 망 이론

		집단성(응집성)	
		낮은 집단	**높은 집단**
사회적 규제 (규칙성)	**낮은 망**	개인주의	평등주의
	높은 망	운명주의	계층주의

(4) 퀸의 경쟁가치모형

유연성과 변화

	인간관계모형	**개방체제모형**	
	• 목표 : 인적자원 개발	• 목표 : 성장 및 자원 확보	
	• 수단 : 구성원의 응집력, 사기	• 수단 : 유연성, 외적 평가	
내부	**관계지향문화(집단문화)**	**혁신지향문화(발전문화)**	외부
	내부과정모형	**합리적 목표모형**	
	• 목표 : 안정성과 균형	• 목표 : 생산성과 이윤	
	• 수단 : 정보관리, 의사전달	• 수단 : 기획, 목표 설정	
	위계지향문화(위계문화)	**과업지향문화(합리문화)**	

통제와 질서

테마 19 리더십

(1) 의의

리더십이란 바람직한 목표를 달성하기 위해 조직 내의 개인과 집단을 유도하고 조정하며 행동케 하는 기술 내지 영향력

(2) 전통적 리더십이론

① 자질론 : 리더는 후천적으로 만들어지는 것이 아니라, 선천적으로 타고난다는 것을 전제로 하여 성공적인 리더 만의 독특한 특성이나 자질을 파악하는 리더십 이론

② 행태론 : 모든 상황에 효과적인 리더의 행동 유형이 존재한다는 것을 전제로 리더의 행태와 추종자들의 반응 사이의 관계를 규명하고자 하는 이론

   ㉠ Iowa대학의 리더십연구(Lippitt와 White) : 리더십유형을 독재형·민주형·자유방임형으로 나누었으며 결론은 민주형이 가장 효과적이라는 것

   ㉡ Ohio대학의 리더십연구 : 조직화의 정도와 배려 정도에 중점을 두고 2차원적 접근방법을 시도하였다. 이 가운데 가장 효과적인 리더는 높은 조직화의 행태와 높은 배려행태를 동시에 보이는 리더라는 결론

   ㉢ Michigan대학의 리더십연구 : 직원지향형 리더가 생산지향형 리더에 비해 보다 높은 집단생산성·직무만족과 관련성이 있다는 결론

   ㉣ Blake와 Mouton의 관리망이론 : 인간에 대한 관심과 생산에 대한 관심을 기준으로 5가지 리더십유형 (무관심형·친목형·과업형·타협형·단합형)을 분류하고 결론적으로 과업과 인간을 모두 중시하는 단합형 (팀형)이 가장 이상적이라는 것

③ 상황론 : 리더십은 상황적 조건에 따라서 달라진다고 보고 효과적인 리더십 유형을 규명하고자 하는 이론

   ㉠ Fiedler의 상황적응모형 : Fiedler는 3가지의 상황변수로서 리더와 부하의 관계, 직위 권력, 과업구조를 제시하고 3가지 상황변수의 결합에 따른 ⓐ 상황이 리더에게 유리하거나 불리할 때는 과업 지향적 리더십이 효과적이고, ⓑ 중간정도일 때는 관계 지향적 리더십이 효과적이라고 주장

   ㉡ Hersey와 Blanchard의 생애주기이론 : Hersey & Blanchard는 지도자 행태의 유형을 관계 지향과 과업 지향적 행동으로 구분하고, 상황변수로 부하의 성숙도를 채택하여 3차원적인 상황적 리더십이론을 제시했다. 부하의 성숙도가 높아짐에 따라 리더십의 유형이 지시형 → 설득형 → 참여형 → 위임형으로 나아가야 효과성이 제고될 수 있다고 봄

   ㉢ House의 경로−목표이론 : House는 리더의 역할을 '부하로 하여금 자기목표를 달성하게 하고 그 목표에 이르는 통로(수단)를 명확하게 해주는 것'이라 규정하면서 상황변수로서 부하의 특성과 근무환경의 특성을 제시하고 상황적 리더십 이론을 주장

(3) 현대적 리더십이론

① 변혁적 리더십
  ㉠ 개념 : 환경변화에 대응하기 위해 조직에서 변화를 주도하고 관리하는 최고관리층의 리더십
  ㉡ 구성요소 : 카리스마, 개인적 배려, 영감, 지적 자극(촉매적 리더십)

  ▶ 거래적 리더십과 변혁적 리더십의 비교

구별기준	거래적 리더십(관료제)	변혁적 리더십(탈관료제)
개념 및 특징	합리적 교환관계를 설정하는 리더십 • 특징 : 보수적·현상유지적, 교환적 보상관계	조직에서 변화를 주도하는 리더십 • 특징 : 카리스마, 개인적 배려, 영감, 지적 자극
변화관	안정지향적, 폐쇄적	변동지향적, 개방체제적
초점	하급관리자	최고관리층
동기부여	부하의 이익 자극	영감과 비전제시 및 구성원 전체가 공유해야 할 가치의 내면화
관리전략	리더와 부하간의 교환관계나 통제 (성과급지급)	업무할당 및 할당된 과제의 가치와 당위성 주지, 성공에 대한 기대 제공
이념	능률지향	적응지향

② 카리스마적 리더십 : 지도자의 특출한 성격과 능력에 의해 구성원들이 조직목표에 특별히 강한 헌신을 갖게 되고 지도자와 일체감을 갖게된다는 이론
③ 서번트 리더십 : 부하를 섬기는 리더십으로 인간존중을 바탕으로 앞에서 이끌어주고 봉사함으로써 구성원들이 잠재력을 발휘하고 공동의 목표를 이뤄 나갈 수 있도록 헌신하는 리더십
④ 발전적 리더십(변혁적 리더십+서번트 리더십) : 변동을 긍정적 기회로 받아들이고 변동에 유리한 조건을 형성하는 데 헌신하는 리더십
⑤ 진성리더십
  ㉠ 개념 : 리더의 자기성찰에 기초해 확고한 가치와 원칙을 세우고 투명한 관계를 형성함으로써 구성원들에게 긍정적 영향을 미치는 리더십
  ㉡ 구성요소 : 자아인식, 내면화된 도덕적 신념, 균형 잡힌 정보처리, 관계의 투명성
⑥ 촉매적 리더십 : 정부부문의 리더십을 준거로 삼은 개념으로 연관성이 높은 공공의 문제들을 다루는데 촉매작용을 할 수 있는 리더십
⑦ 셀프리더십 : 자기 스스로 리더가 되어 자신이 나아가야 할 방향을 설정하고 자신을 이끌러가는 정보화 사회의 리더십

테마 20 조직의 의사전달과 갈등 및 협력 관리

1. 조직의 의사전달

(1) 의의

① 개념 : 의사전달이란 복수의 행위주체가 정보를 상호 교환하여 의미를 공유하는 쌍방적 상호교류과정을 의미한다.

② 의사전달의 기능

    ㉠ 조정과 통제의 기능　　　　　　　㉡ 동기유발의 기능

    ㉢ 사회적 욕구충족의 기능　　　　　㉣ 정보전달의 기능

    ㉤ 조직의 유지 기능　　　　　　　　㉥ 효과적인 리더십 발휘 기능

(2) 의사전달의 유형

① 공식적 의사전달 : 공식조직 내에서 계층제적 경로와 과정을 거쳐 공식적으로 행해지는 의사전달(공문서를 수단)

② 비공식적 의사전달 : 계층제나 공식적인 직책을 떠나 조직구성원간의 친분·상호신뢰와 인간관계 등을 통하여 이루어지는 의사전달(소문, 풍문, 메모 등을 수단)

(3) 의사전달의 장·단점

구분	공식적 의사전달	비공식적 의사전달
장점	① 의사소통의 객관성 확보 ② 책임소재가 명확 ③ 상관의 권위 유지 ④ 정책결정에 활용가능성이 큼 ⑤ 정보나 근거의 보존이 용이	① 의사전달의 신속성과 적응성이 강함 ② 배후사정을 상세히 전달 ③ 의사소통과정에서의 긴장과 소외감을 극복하고 개인적 욕구를 충족시킴 ④ 공식적 의사전달을 보완 ⑤ 관리자에 대한 조언 역할
단점	① 법규에 의거하므로 의사전달의 신축성이 낮고 형식화 초래 ② 배후사정 전달 곤란 ③ 변동하는 사태에 신속한 적응 곤란 ④ 기밀유지 곤란	① 책임소재가 불분명 ② 개인목적으로 악용가능성 ③ 조정과 통제가 곤란 ④ 상관의 권위 손상 우려 ⑤ 공식적 의사소통을 마비시킴

2. 조직 내 갈등관리

(1) 의의

   ① 의사결정과정상의 갈등 : 개인이 대안을 선택하는데 곤란을 겪는 상황

   ② 조직관리상의 갈등 : 집단행동 주체 간의 대립적·적대적 상호작용

(2) 갈등관의 변천

   ① 고전적 갈등관 : 갈등은 불필요한 것이며 조직성과에 부정적인 영향을 미친다고 가정하고 제거되거나 해결되어야 하는 것으로 주장하는 입장

   ② 행태론적 갈등관 : 갈등이란 조직 내에서 자연적으로 일어나는 불가피한 현상이며, 이를 완전히 제거할 수 없다고 보고 갈등을 수용하는 입장

   ③ 상호작용적 갈등관 : 갈등은 조직 내에서 하나의 동력으로 작용할 수도 있고, 부정적으로 작용할 수도 있다고 보고 갈등의 해결은 물론 갈등에 대한 조장도 주장하는 입장

(3) 갈등의 순기능과 역기능

순기능	역기능
① 조직발전의 새로운 계기로 작용하여 장기적으로 조직의 안정화에 기여 ② 갈등과정에서의 선의의 경쟁을 통하여 발전과 쇄신 촉진 ③ 갈등의 해결 과정에서 조직의 문제해결능력과 창의력, 적응능력, 단결력 향상	① 조직의 목표달성 저해 ② 구성원의 사기 저하와 구성원 사이에 반목과 적대감 유발 ③ 갈등과 불안이 일상화되는 경우 쇄신과 발전 저해

(4) 갈등관리

1) 갈등의 원인과 해소전략

   ① 개인의 가치관·태도 등의 차이로 인한 갈등 : 감수성훈련, 상호작용촉진, 고충해결장치의 마련

   ② 분업구조로 인한 갈등 : 공동교육훈련, 인사교류, 직급교육, 공동기구 설치

   ③ 목표차이로 인한 갈등 : 상위목표의 제시, 목표수준의 차별화

   ④ 자원의 희소성으로 인한 갈등 : 더 많은 자원의 확보, 배분기준의 명확화 등

   ⑤ 업무의 상호의존성으로 인한 갈등 : 부서 간의 접촉 필요성 완화

2) Thomas의 대인적 갈등 해결전략

구 분		상대방의 이익을 만족시키려는 정도		
		낮 음		높 음
자신의 이익을 만족시키려는 정도	낮 음	회피		순응
			타협	
	높 음	경쟁		협동

3) 갈등조성전략

　　① 의사전달 통로 변경, 정보전달 억제 혹은 과다한 정보전달

　　② 구조적 분화(계층 수, 조직단위 증대), 구성원 변동 및 직위 간 관계 재설정(권력재분배)

　　③ 외부인의 영입, 경쟁의 조장, 불확실성 제고

　　④ 리더십 스타일 변경, 태도가 다른 사람들의 상호작용

3. 조직 내 협력관리

(1) 의의

둘 이상의 부문이 혼자서는 얻을 수 없는 공동의 성과를 얻기 위해 조직의 정보와 자원, 활동, 역량을 상호 연결하고 공유하는 활동

(2) 협력관리의 장애요인과 성공요인

구분	장애 요인	성공 요인
협업 인프라	① 법률적 제약 ② 자원(예산) 배정과 배분 관련 제도의 부재 및 비합리성	① 협업 행정 추진을 위한 법·제도적 인프라 구축 ② 정책기관/부서 간 협업에 따른 재정 지원
협업 구조	① 개별 부처 중심의 정부운영시스템 ② 조직 간 구조 및 기능의 차이 ③ 역할 및 책임의 불명확성	① 정부조직 및 업무시스템 재설계 ② 협업 전담조직의 설치 및 운영 ③ 협업기관 간의 명확한 역할 및 책임의 분담
협업 절차와 수단	① 협업 수행 절차 미비 ② 조직 간 자료 공유 및 소통수단 부족 ③ 모호한 공동의 목표 ④ 협업 관련 성과평가제도 미흡	① 장기적 협력 및 협업계획 ② 협업기관 간의 높은 상호 신뢰 구축 ③ IT를 기반으로 한 정보공유 및 의사소통 활성화 ④ 명확한 공동목표 설정 및 공감대 확산
협업 리더십	기관장/부서장의 융합적 리더십 부재 및 무관심	기관장/부서장의 협업행정에 대한 관심과 리더십 제고
협업 문화	① 부처 중심적인 사고와 관행(부처이기주의) ② 상이한 조직문화로 인한 공통의 언어부족(조직 간 칸막이)	① 협업에 대한 학습조직화 ② 일상화된 협업 증진을 위한 공식적 혹은 비공식적 관계 확대
협업 역량	협업 경험 및 전문성 부족	① 협상 및 토론, 조정 등 협업 행정 전문적인 기관을 통한 조정 기능 확대 ② 인사교류 및 공동교육훈련 등 상시교류 활동을 통한 협력 네트워크 강화
협업 갈등 및 조정	① 기관 간 관련 이해관계자의 상이함으로 인한 이해관계집단과의 충돌 ② 기관 간 권력 차이 및 이해관계 대립 시 조정체계 미흡	① 협업주도 기관 혹은 독립적이며 전문적인 기관을 통한 조정기능 확대 ② 인사교류 및 공동교육훈련 등 상시교류 활동을 통한 협력 네트워크 강화

(1) 정보공개제도의 목적

정보공개제도는 국민의 알권리를 보장하고 행정의 신뢰성·책임성을 확보하며 국민의 행정참여를 신장시키고 행정통제 제고를 목적으로 함

(2) 정보공개제도 연혁

1992년에 청주시가 최초로 행정정보공개조례로 제도화

(3) 정보공개제도의 효용

① 국민의 알권리 보장을 통한 정보민주주의(Tele-democracy)의 구현
② 국정에 대한 국민의 행정참여 신장을 통한 열린 행정구현
③ 국정의 투명성 확보와 행정통제의 강화
④ 행정의 홍보 및 신뢰성 확보

(4) 정보공개제도의 한계

① 비용과 업무량의 증가
② 소극적·수동적 정보제공(중요한 정책정보나 대규모 국가시책은 청구가 없더라도 공개)

(5) 정보공개법의 주요내용

청구권자	모든 국민. (일정요건 충족 시)외국인도 가능
공개기관	국가, 지방자치단체, 정부투자기관 및 대통령령이 정하는 기관으로 입법부 및 사법부, 정부투자기관, 정부출자·출연기관 및 각급 학교까지 포함
공개여부 결정	정보공개청구가 있는 때에는 청구를 받은 날로부터 10일 이내에 공개 여부를 결정하여야 하며 10일간 연장가능
비공개대상정보	공공기관의 모든 정보는 원칙적으로 공개되어야 하나 국민전체의 권익이나 개인의 프라이버시를 침해할 위험이 있는 정보는 제외(다만, 직무를 수행한 공무원의 성명·직위, 국가 또는 지방자치단체가 업무의 일부를 위탁 또는 위촉한 개인의 성명·직업은 공개 가능)
관련기관	정보공개위원회(행정안전부장관 소속) – 정보공개에 관한 정책의 수립 및 제도 개선에 관한 사항 등을 심의·조정

테마 22 ▶ 조직관리전략

1. 조직발전

(1) 개념

조직발전이란 조직의 환경변화에 대한 대응능력과 문제해결능력(효과성)을 제고하기 위해 행태과학적 지식과 기술을 활용하여 조직 구성원의 가치관·태도·신념 등의 행태를 변화시키고자 하는 계획적·복합적인 관리전략

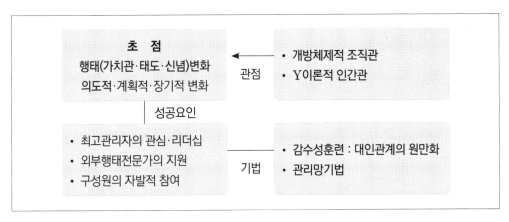

(2) 조직발전의 기법

① 감수성훈련 : 대인관계의 원만화

② 관리망훈련

③ 태도조사환류기법

(3) 조직발전의 목적

① 조직의 효과성(문제해결능력)제고

② 조직의 환경에 대한 변화대응능력 제고

③ 문제해결을 위한 구성원 간 협동적 행위 촉진

④ 구성원의 창조적·자기혁신적 능력 향상

2. 목표관리(MBO)

(1) 개념

① 상하조직 구성원의 참여 과정을 통해(Y이론적 인간)

② 조직의 목표를 설정(계량적, 단기적 목표)

③ 업무 수행결과를 목표에 비추어 평가·환류하는 관리방식

➡ 유동적인 환경 하에서는 명확한 목표설정이 어려워 적용곤란

(2) 목표관리와 조직발전

공통점	차이점	
	MBO	OD
① Y이론적 관리방식 ② 동태화 전략(조직의 변화와 쇄신) ③ 평가와 환류기능 중시 ④ 조직의 효과성 제고를 목표로 함	내부인사(계선중심)	외부전문가 주관
	상향적(구성원 참여인정)	하향적(최고관리층의 지휘)
	일반관리기술 적용	행태과학지식 활용
	계량화된 목표 중시	계량화와 무관

3. 총체적 품질관리(TQM)

(1) 개념

　① 고객만족과 서비스의 품질을 1차적 목표로 삼고,

　② 서비스 질의 지속적 개선을 위해, 조직내 모든 사람을 참여(전사성, 총체성)시키는 관리개선기법

　　→ 전통적 관리 : 전문가와 최고관리자가 품질 측정 VS TQM : 고객이 측정

(2) MBO와 TQM

	MBO	TQM
공통점	① 분권화　② 직원의 참여강조　③ 팀웍 중시	
차이점	① 내향적 : 개인별, 조직단위별 목표성취에 초점을 둔 목표설정(내부관리초점) ② 목표로서 계량적인 목표달성–산출지향 ③ 단기적, 폐쇄적, 사후적 관점 ④ 개별구성원 활동중심	① 외향적 : 고객의 필요에 따른 목표설정(외부의 고객초점) ② 서비스의 품질중시 – 과정과 절차지향 ③ 장기적, 개방적, 사전적·예방적 관점 ④ 팀단위 활동중심

4. 전략적 관리 – SWOT분석

	강점(S)	약점(W)
기회(O)	• 공격적 전략(SO전략) : 강점을 가지고 기회를 살리는 전략	• 방향전환전략(WO전략) : 약점을 보완하여 기회를 살리는 전략
위협(T)	• 다양화 전략(ST전략) : 강점을 가지고 위협을 회피하거나 최소화하는 전략	• 방어적 전략(WT전략) : 약점을 보완하면서 위협을 회피하거나 최소화하는 전략

PUBLIC ADMINISTRATION

제 **04** 장

인사행정론

(1) 의의

① 개념 : 정당에 대한 충성심·공헌도에 따라 공직임용(선거에서 승리한 정당이 모든 관직을 전리품처럼 처분)

→ Jackson 대통령, 교체임용주의(공직경질제), 4년 임기법

② 엽관주의의 발전요인

    ㉠ 정당정치의 발달   ㉡ 정치적 민주주의의 요청

    ㉢ 행정의 단순성   ㉣ 대통령의 지지세력 확보

    ㉤ 관료독점의 타파

(2) 엽관주의의 장·단점

장점	단점
① 책임행정 및 민주통제 구현가능 ② 공직경질을 통한 관료주의화, 공직침체 방지 ③ 정당정치의 발전과 행정의 민주화에 기여 ④ 공직의 개방으로 민주주의의 평등이념에 부합 ⑤ 정책의 강력한 추진 ⑥ 관료적 대응성·책임성 향상	① 행정의 전문성·능률성 저해 ② 행정의 안정성 저해 ③ 행정의 공정성·중립성 저해 ④ 공직 사유화 및 부패

▶ 엽관주의, 실적주의, 대표관료제 비교

구분	엽관주의	실적주의	대표관료제
초 점	정당중심 관료제	개인중심 관료제	집단중심 관료제
주된 가치	민주성	능률성	형평성·공정성
실현방식	공직경질제(교체임용주의)	공개경쟁채용시험	임용할당제

테마 02 ▶ 실적주의 – 개인주의, 자유주의, 정치행정2원론

(1) 의의

① 개념 : 개인의 **실적(능력·자격·지식·업적)**을 공직임용의 기준으로 삼는 인사제도로서 개인의 실적은 일반적으로 직무수행능력, 생산성, 경력 등으로 구체화 됨

② 실적주의의 발전요인
  ㉠ 정당정치 및 엽관주의의 폐해
  ㉡ 행정국가화 현상과 전문화의 요청
  ㉢ 1881년 가필드대통령의 암살사건은 제도변화를 촉진하는 기폭제

(2) 실적주의의 전개과정

① 영국 : 1853년 Northcote−Trevelyan보고서와 1855년의 제1차 추밀원령, 1870년 제2차 추밀원령에 의한 개혁으로 실적주의 확립

② 미국 : 1883년 팬들턴법에 의해 실적주의 확립

참고	**팬들턴법 (Pendleton Act)의 주요내용**
㉠ 독립적·초당적인 연방인사위원회 설치	㉡ 공개경쟁시험
㉢ 시보임용	㉣ 제대군인에 대한 특혜
㉤ 정치적 중립	

(3) 실적주의의 주요내용과 장·단점

① 주요 내용 : 공직취임의 기회균등, 실적 중심의 공직임용, 공무원의 정치적 중립과 신분보장

② 장·단점

장점	단점
① 행정의 전문성·능률성제고	① 인사행정의 소극화
② 공직임용의 기회균등	② 행정의 대응성 및 책임성 저해
③ 행정의 안정성·계속성확보	③ 형식적 기회균등
④ 행정의 공정성 확보	④ 인사권의 집권화로 신축성저해
⑤ 인사행정의 객관성 확보	⑤ 인사행정의 경직화·형식화

(4) 실적주의의 수정·보완

① 고위공무원단 제도 도입
② 공직임용의 대표성 제고
③ 성과평가에 근거한 실적주의 임용관리 방식 강화
④ 공무원단체의 허용

대표관료제 – 임용할당제, 다양성관리제도

(1) 의의

① 개념 : 사회 주요 집단들의 비율에 따라 관료를 충원하여, 사회의 모든 집단에 대한 대표성을 확보하는 정부 관료제(Kingsley) → 크랜츠(Kranz) : 비례대표로 확대

② 가정 : 대표관료제 이론은 인력구성의 대표성인 피동적·소극적·구성론적 대표성이, 관료들이 출신 집단의 이익을 대표하는 능동적·적극적·역할론적 대표로 연결됨을 전제

(2) 대표관료제의 유용성과 한계

유용성	한계
① 행정의 대응성·책임성 증진	① 역차별과 사회적 분열 조장
② 실질적 기회균등과 사회적 형평성제고	② 집단이기주의의 발현
③ 민주적 대표성확보	③ 행정의 전문성과 생산성 저해
④ 내부통제의 강화	④ 자유주의 원칙 침해
⑤ 행정의 공정성 증진	⑤ 대표성 확보의 기술적 어려움

(3) 대표관료제의 구체적 실현

① 의의

ㄱ 미국 – 적극적 조치(Affirmative action)

ㄴ 우리나라 – 균형인사정책

② 우리나라 균형인사정책

ㄱ 양성평등채용목표제

ㄴ 장애인 의무고용제

ㄷ 지방인재채용목표제, 지역인재추천채용제

ㄹ 이공계 공무원 인사관리

ㅁ 저소득층채용목표제

> **참고** **대표관료제의 주요 쟁점**
>
> 1. 비공식적 내부통제
> 2. 수직적 형평(다른 것은 다르게)
> 3. 2차 사회화(재사회화) 불고려

테마 04 ▶ 공무원의 다양성관리

(1) 의의

① 개념 : 다양성 관리는 이질적인 조직구성원들을 채용하고 유지하며, 보상과 함께 역량 개발을 증진하기 위한 조직의 체계적이고 계획된 노력

② 다양성관리 정책의 내용

　㉠ 채용 프로그램 : 조직구성원의 인적 구성이 다양성을 반영하고 있는지 검토하고, 적정수준의 다양성을 확보하기 위한 정책적 노력

　㉡ 차이에 대한 인식 : 이질적인 구성원 간에 소통과 교류를 통해 왜곡된 이해를 극복하고 이질성에 대한 수용을 통해 다양성관리의 기반을 조성하는 노력

　㉢ 실용적 관리 방안 : 다양성을 통해 조직의 효과성을 향상시키고 조직구성원의 만족도를 제고시키기 위한 노력

(2) 다양성관리에 대한 접근방법

① 멜팅팟(Melting pot) – 문화적 동화 : 구성원 간의 이질성을 지배적인 주류에 의해 동화시키는 방법, 다양성으로 인한 조직응집력의 저하를 방지하기 위한 소극적인 방법

② 샐러드볼(Salad bowl) – 문화적 다원주의 : 각기 다른 특성을 갖는 구성원들이 자신의 특성을 유지할 수 있도록 지원하는 방법, 다양성을 통한 조직의 탄력성을 극대화하기 위한 적극적인 방법

(3) 조직의 다양성 유형화와 관리전략

		변화가능성	
		낮음	높음
가시성	높음	Ⅰ유형 성별, 장애, 인종, 민족	Ⅱ유형 직업, 전문성, 언어(외국어 능력)
	낮음	Ⅲ유형 출신 지역, 가족배경, 성격	Ⅳ유형 학력, 노동지위(정규/비정규), 가치관

(4) 균형인사제도

(1) 개념과 특징

① 개념 : 공직이 유능한 젊은 남녀(학력과 연령의 제한)에게 매력적으로 여겨져, 공직이 생애의 보람있는 직업이 되도록 운영되는 제도(전문직업관료에 해당)

② 특징 : 계급제, 폐쇄형 임용, 일반능력자주의, 채용당시의 능력보다 장기적 발전 가능성 중시

(2) 장·단점

장점	단점
① 공무원집단의 일체감 형성 및 전문직업으로 인식 → 직업윤리·봉사정신확립 ② 신분보장과 승진 등 능력발전을 위한 각종 제도 → 사기제고 ③ 유능한 인재 유치 → 공무원의 질 향상 ④ 행정의 중립성·안정성 확보	① 특권집단화 → 민주통제 곤란, 공직침체 ② 학력·연령제한 → 공직취임의 기회균등 저해 ③ 안정 추구로 변동·개혁에 저항하는 경향 ④ 행정의 전문성과 능률성 저해

(3) 직업공무원제의 확립요건

① 실적주의의 우선적 확립 ② 적정한 보수 및 연금제도의 확립

③ 공직에 대한 높은 사회적 평가 ④ 폐쇄형 인사제도의 확립

⑤ 학력과 연령을 제한 및 신분보장 ⑥ 장기적인 인력수급계획의 수립

(4) 직업공무원제의 쇄신방안

① 개방형 임용제도

② 공직의 전문화 – 직위분류구조의 활용, 경력개발제도 등

③ 근무방식의 유연화 – 시간선택제공무원, 탄력근무제 등

④ 신분보장의 완화 – 정년 단축, 계급정년제 도입 등

▶ 실적주의와 직업공무원제의 비교

구 분	실적제	직업공무원제
역사적 배경	행정국가 – 부당한 정치압력으로부터 독립	절대군주국가 – 군주의 통치권 강화
성립요건	직위분류제, 개방형 충원, 전문행정가	계급제, 폐쇄형 충원, 일반행정가
신분보장	소극적(정치의 부당한 압력으로부터의 보호)	적극적(공직을 평생의 본업으로 삼게 함)
채용 시 중시요소	채용당시의 직무수행능력 중시	잠재능력 또는 장기적 발전가능성 중시

테마 06 중앙인사기관

(1) 중앙인사기관의 조직형태

	독립합의형(위원회형) - 연방인사위	비독립단독형(부처형) - 인사혁신처
장점	① 인사행정의 정치적 중립 보장 ② 신중한 의사결정 ③ 인사행정의 계속성 확보(위원들의 임명시기를 서로 다르게 하여) ④ 인사행정에 대한 중요 이익집단의 요구를 균형 있게 수용(다양한 위원구성)	① 단일의 지도층을 형성하여 인사행정의 책임소재 명확 ② 중요 인사정책의 신속한 결정 ③ 행정수반이 주요정책의 강력한 추진 ④ 인사행정의 변화에 신속한 대응
단점	① 인사행정의 책임소재 불분명 ② 인사정책 결정의 지연 ③ 초당적인 비전문가를 위원으로 구성하여 비능률적 행정야기 ④ 엽관주의 방지에 초점을 두어 인사행정의 적극화와 전문화에 저해	① 인사행정의 정실화 방지 곤란 ② 기관장의 독선적 결정에 대한 견제 곤란 ③ 중앙인사기관장 교체에 따른 정책변화로 인사행정의 일관성과 계속성 결여 ④ 행정수반에 의한 국정관리의 도구화로 공무원의 권익 침해 가능

(2) 우리나라의 인사기관

① 중앙인사관장기관

국회는 국회사무총장, 법원은 법원행정처장, 헌법재판소는 헌법재판소사무처장, 선거관리위원회는 중앙선거관리위원회사무총장, 행정부는 인사혁신처장

② 인사혁신처의 주요 조직과 기능

㉠ 고위공무원임용심사위원회 : 고위공무원단에 속하는 공무원의 채용, 고위공무원단 직위로의 승진임용, 고위공무원으로서 적격 여부를 심사하기 위하여 인사혁신처에 고위공무원임용심사위원회(인사혁신처장이 위원장, 위원장을 포함 5명~7명의 위원으로 구성)설치

㉡ 소청심사위원회 : 공무원의 징계처분 기타 그 의사에 반하는 불리한 처분이나 부작위에 대한 소청을 심사·결정하는 준사법적 의결기관

테마 07 공직 분류

(1) 국가공무원과 지방공무원

(2) 개방형과 폐쇄형

① 개방형 : 모든 계층의 직위에 신규채용이 허용되는 인사제도(직위분류제의 토대) ➜ 유능한 외부인사의 공직 등용으로 전문성제고, 활발한 신진대사로 관료제 침체방지, 행정조직에 대한 민주적 통제가 가능, 재직자의 자기개발노력 촉진, **지도자의 통솔력 강화**, 정실개입 가능성

② 폐쇄형 : 신규채용은 최하위계층에만 인정되며 내부승진으로 상위계층까지 올라가는 인사제도로 중간직에 대한 외부인사의 신규채용이 부정되는 제도(계급제의 토대) ➜ 재직자의 승진기회가 많아져 사기앙양(신분보장과 직업공무원제 확립에 기여)

(3) 경력직과 특수경력직 : 실적주의 적용, 신분보장여부

① 경력직
  ㉠ 일반직 : 행정일반, 기술·연구 업무담당 공무원, 감사원 사무차장, 국회전문위원
  ㉡ 특정직 : 검사(검찰총장 포함), 경찰(경찰청장포함), 법관, 헌법재판소 헌법연구관, 군인, 군무원, 소방, 교원, 외무공무원, 국가정보원 직원

② 특수경력직
  ㉠ 정무직 : 선거로 취임, 국회의 임명동의를 요하는 직위(국무총리, 감사원장, 헌법재판소장), 고도의 정책결정 업무를 담당하거나 이를 보조하는 공무원(장·차관, 감사원 사무총장)
  ㉡ 별정직 : 국회수석전문위원, 비서관, 차관보, 국가정보원 기획조정실장, 지방의회전문위원

▶특수한 일반직 공무원의 비교

구 분	임기제공무원	전문경력관	시간선택제 채용공무원
기존	계약직 공무원	별정직 공무원 (전문성이 요구되는 직위)	신설
근무기간 (임기)	있음(5년 이내)	없음	없음
신분보장	×(임기동안에는 신분보장)	○(정년 60세 신분보장)	○(정년 60세 신분보장)
지정요건	전문지식·기술이 요구되거나 임용관리에 특수성이 요구되는 업무	순환보직이 곤란하거나 장기 재직 등이 필요한 특수 업무 분야의 직위	업무의 특성이나 기관의 사정 등을 고려
직군, 직렬, 계급(직급)	있음, 강등 적용×	없음	있음

테마 08 계급제

(1) 의의

① 개념 : 개별 공무원의 능력·자격 등의 개인적 특성을 기준으로(사람중심) 계급을 설정하고 공직을 분류하는 제도

② 발전 : 군주국가의 전통과 관료제 전통을 가진 유럽, 한국 등에서 채택

(2) 특징

① 4대 계급제   ② 폐쇄형의 충원방식

③ 계급간의 차별과 고급공무원의 엘리트화   ④ 일반행정가 지향

⑤ 높은 수평적 융통성   ⑥ 강력한 신분보장

(3) 계급제와 직위분류제의 비교

기준	계급제	직위분류제
분류기준	개인의 능력·자격(사람중심)	직무의 종류·곤란도·책임도(직무중심)
발달배경	농업사회(영국·독일·일본)	산업사회(미국·캐나다·필리핀)
보수	생활급 위주(근무연한 등 고려)	직무급(동일직무 동일보수 원칙)
인사배치	인사배치의 신축성과 다양한 능력발전	직위가 요구하는 직무의 자격요건이 명확 → 훈련 수요파악·전보의 합리적 운영
공무원 유형	넓은 시야를 가진 일반행정가 육성, 부서 간 조정 용이 → 행정 전문화 저해	전문행정가 양성 → 거시적 차원의 통합·조정 곤란
신분보장	신분보장이 특정직위에 좌우 안됨 → 상대적으로 신분보장이 강하고, 직업공무원제 정착에 기여	현재 직위에 초점을 두어, 신분보장이 직위에 연동 → 조직개편에 따른 신분의 위협으로 직업공무원제 확립 곤란
장점	① 장기적 관점의 유능한 인재 채용 ② 탄력적 인사관리 ③ 경력발전을 통한 관리자 양성	① 인사행정에 합리적 기준 제공 ② 행정의 분업화·전문화 ③ 근무성적평정과 교육훈련 수요파악
단점	① 행정의 전문화 저해 ② 권한과 책임의 한계 불분명 ③ 직무에 적합한 인재확보 곤란	① 장기적인 공무원의 능력발전에 부적합 ② 편협한 안목으로 협조의 곤란 ③ 인사관리의 탄력성·신축성 결여

(1) 의의

① 개념 : 공직을 직책 중심으로 ㉠ 직무의 종류에 따라, 직군과 직렬, 직류로 종적·수직적으로 분류(직무분석)하고, ㉡ 직무의 곤란도·책임도에 따라, 직급과 등급으로 횡적·수평적으로 분류(직무평가)하여, ㉢ 동일 직렬 내에서만 인사 이동할 수 있게 하는 제도

② 수립절차 : ㉠ 계획과 절차결정 ➜ ㉡ 분류담당자, 분류대상직위 결정 ➜ ㉢ 직무조사 ➜ ㉣ 직무분석 ➜ ㉤ 직무평가 ➜ ㉥ 직급명세서 작성 ➜ ㉦ 정급

(2) 직위분류제의 구성요소

① 등급 : 직무의 종류는 다르지만 직무의 곤란도·책임도는 유사하여 동일한 보수를 줄 수 있는 모든 직위의 횡적 군

② 직급 : 직위에 내포되는 직무의 종류와 곤란도·책임도가 상당히 유사한 직위의 군

③ 직군 : 직무의 종류가 유사한 직렬의 군(행정직군=행정직렬+세무직렬)

④ 직렬 : 직무의 종류는 유사하나 곤란도·책임도가 상이한 직급의 군

⑤ 직류 : 동일한 직렬 내에서 담당 분야가 동일한 직무의 군

⑥ 직위 : 1명의 공무원에게 부여할 수 있는 직무와 책임

(3) 직무평가의 방법

구 분		특 징
비계량적 방법	서열법	• 직무를 전체적·종합적으로 평가하여 상대적 중요도에 의해 직위 간의 서열을 정하는 평가방법(직무와 직무의 비교) • 평가 작업이 간단하고 시간·비용이 절감되나 분류가 자의적 임
	분류법 (등급법)	• 등급기준표를 미리 작성하여 각 등급별로 직무내용·책임도·자격요건 등을 밝힌 등급 정의에 따라 각 직위에 가장 적절한 등급을 결정해 나가는 방법(직무와 등급기준표의 비교) • 정부부문에서 일반적으로 사용하는 방법
계량적 방법	점수법	• 직위의 직무를 구성하는 평가요소를 선정하고 각 요소별로 직무평가기준표에 의하여 평가한 점수를 총합하는 방식(직무와 직무평가기준표의 비교) • 신뢰도·타당도가 높지만, 과다한 시간과 기술이 요구되며 객관성 결여
	요소 비교법	• 기준(대표)직위의 요소에 다른 직위의 요소를 비교해 가면서 점수를 부여하여 각 직위의 등급을 정하는 방법(직무와 직무의 비교) • 요소별로 점수 대신 임금액을 곱하므로 평가 점수를 가지고 바로 임금액을 산출할 수 있음

테마 10 ▶ 고위공무원단

(1) 의의

① 개념 : 공무원의 경쟁력과 정부서비스의 질을 향상하기 위하여 고위직공무원을 중하위직 공무원과 별도로 통합관리(Pool)하는 제도로서 노무현 정부에서 도입

② 핵심요소

　㉠ 개방과 경쟁 : 개방형직위제도, 부처 내·외 직위공모 등

　㉡ 능력발전 : 역량평가제, 교육훈련, 최소보임기간 설정 등

　㉢ 성과와 책임 : 직무성과계약제, 직무등급제, 적격성심사, 인사심사 등

　㉣ 신분보다 일 중심의 인사관리

　㉤ 범정부적 통합관리

(2) 우리나라의 고위공무원단제도

① 법적 의미 : 직무의 곤란성과 책임도가 높은 실·국장급 직위에 임용되어 재직 중이거나 파견·휴직 등으로 인사관리되고 있는 일반직·별정직·특정직공무원(특정직공무원은 외무공무원만 해당)의 군

② 대상직위

　㉠ 중앙행정기관의 실·국장급직위 및 이에 상당하는 보좌기관

　㉡ 행정부 각급 기관(감사원 제외)의 직위 중 실·국장급 직위에 상당하는 직위

　㉢ 국가공무원으로 보하는 지방자치단체 및 지방교육행정기관의 직위 중 실·국장급에 상당하는 직위 (행정부시장, 행정부지사 및 부교육감)

③ 고위공무원단으로의 진입

　㉠ 후보자교육과정이수와 역량평가 ➡ ㉡ 고위공무원임용심사위원회의 심사 ➡ ㉢ 임용

④ 인사관리

　㉠ 소속과 인사권 : 고위공무원은 인사혁신처에서 관리하고 운영되는 고위공무원단 소속 공무원이 되어 범정부적 통합관리의 대상이 된다. 각 부처 장관은 고위공무원의 소속 기관에 구애되지 않고 임용예정직위에 대한 적임자를 대통령에게 임용제청할 수 있으며, 각 부처에 배치된 고위공무원은 소속 장관이 인사권과 복무감독권 행사

　㉡ 정원관리 방식 : 계급 대신 직무등급과 직위중심

　㉢ 충원 : 민간부문과의 경쟁을 통한 개방형직위(20%), 부처 간 경쟁을 통한 공모직위(30%), 부처의 자율인사직위(50%)

　㉣ 근무성적 평정 : 성과계약 등 평가(5개 등급으로 평가 – 탁월, 우수, 보통, 미흡, 불량)

　㉤ 보수 : 직무성과급적 연봉제 ⬅ 기본연봉(기준급+직무급)＋성과연봉

　㉥ 검증시스템 : 적격성 심사제(부적격자는 직권면직가능)

　㉦ 정년 및 신분보장 : 정년 60세, 정치적 중립과 신분보장(가급 고위공무원은 신분보장×)

▶ 개방형 직위제도와 공모직위제도의 비교

구 분	개방형 직위제도	공모직위제도
대상직위	전문성이 특히 요구되거나 효율적인 정책수립을 위하여 필요하다고 판단되는 직위	효율적 정책수립 또는 관리를 위하여 적격자를 임용할 필요가 있는 직위

공모대상	• 내·외부(행정부 내부 + 행정부 외부)
	• 고위공무원단 직위 총수의 20% 이내
	• 과장급 직위의 20% 이내 의무적 지정
	• 경력개방형직위 : 민간경력자로만 채용
	  (23년부터 4~5급으로 확대)
		• 내부(행정부 내부)
		• 고위공무원단 직위 총수의 30% 이내
		• 과장급 직위의 20% 이내 의무적 지정
		  (23년부터 4~5급으로 확대)

대상직종	일반직·특정직·별정직 공무원으로 보할 수 있는 고위공무원단 직위	일반직·특정직으로 보할 수 있는 고위공무원단 직위
임용기간	최장 5년 범위 내 최소 2년 이상 (공무원이 아닌 사람이 개방형직위에 임기제 공무원으로 임용되는 경우 최소 3년 이상)	최소 2년 이상

(3) 우리나라 고위공무원단 도입 전·후의 비교

	도입 전	도입 후
소 속	각 부처	고위공무원단
인사운영기준	계급제	직무등급제(가급, 나급)
충원·보직이동	부처 내 폐쇄적 임용	부처내외 개방적 임용
성과관리	연공서열 위주의 형식적 관리(목표관리제가 있으나 연공서열위주로 형식적 운영)	엄격한 성과관리 : 직무성과계약제(직무성과계약제에 따라 성과계약을 체결하고 평가결과에 따라 신분상 불이익도 부여)
보수	계급제적연봉제(계급에 따라 보수 차등 / 성과의 차이에 따른 연봉 차이가 미미)	직무성과급제(직무값의 차이에 따라 보수 차등 / 성과의 차이에 따라 연봉 차등 확대, 특별상여금 지급)
자질·능력평가	주관적·추상적평가	역량평가제
검증	인사심사(채용·계급승진 시 인사심사)	인사심사+적격성심사(채용·직위승진 시 인사심사, 정기적으로 적격성심사 실시)
신분관리	안정적 신분보장	엄격한 인사관리 및 신분 불이익 부과

테마 11 시험의 효용도

(1) 타당도

① 기준타당도 : 시험이 직무수행능력을 얼마나 정확하게 측정(시험성적과 근무성적 비교)

　㉠ 예측적 타당성 검증 : 시험에 합격한 사람이 일정한 기간 직장생활을 한 다음 그의 채용시험성적과 업무실적을 비교하여 양자의 상관관계를 확인하는 방법

　㉡ 동시적 타당성 검증 : 앞으로 사용하려고 입안한 시험을 재직 중에 있는 직원들에게 실시한 다음 그들의 업무실적과 시험성적을 비교하여 그 상관관계를 확인하는 방법

② 내용타당도 : 시험이 직무수행에 필요한 능력요소(지식·기술·태도 등)를 어느 정도나 측정하느냐에 관한 타당성, 직무수행에 필요한 능력요소들과 시험내용의 부합정도

③ 구성타당도(해석적 타당도) : 시험이 이론적으로 추정한 능력요소를 얼마나 정확하게 측정할 수 있느냐에 관한 기준 ➜ 예컨대 창의력을 측정하고자 추상적으로 구성된 민감성·이해성·도전성 등을 제대로 측정해 주었는지의 정도를 의미

　㉠ 수렴적 타당성 : 하나의 개념을 상이한 측정방법으로 측정했을 때 그 측정값 사이의 상관관계가 높은 정도

　㉡ 차별적 타당성 : 서로 다른 개념을 동일한 측정방법으로 측정했을 때 그 측정값 사이의 상관관계가 낮은 정도

(2) 신뢰도

① 신뢰도 검증 방법 – 재시험법, 내적 일관성 확인, 반분법, 복수양식법(동질이형법)

② 타당도와 신뢰도의 관계

㉠ 신뢰도는 시험 그 자체의 문제인 반면, 타당도는 시험과 기준과의 관계

㉡ 신뢰도는 타당도의 필요조건이다. 따라서 신뢰도가 높아진다 하더라도 타당도가 높아지는 것은 아니지만, 신뢰도가 낮으면 타당도는 반드시 낮다.

(3) 객관도

(4) 난이도

(5) 실용도

> | 참고 | **면접시험의 평정요소** |
> | --- | --- |
> | 1. 공무원으로서 정신자세 | 2. 전문지식과 응용 능력 |
> | 3. 의사표현의 정확성과 논리성 | 4. 예의·품행 및 성실성 |
> | 5. 창의력·의지력 및 발전가능성 | |

테마 12 교육훈련

(1) 의의

① 개념 : 직무수행능력을 향상시킬 목적으로 지식, 기술, 태도, 가치관의 변화를 촉진하는 계획된 활동

② 교육은 개인의 잠재력을 종합적으로 개발하는 것인 반면, 훈련은 특정 직무와 관련하여 그 직무가 요구하는 자격에 미달한 경우 그 부족한 능력을 보충하는 것

(2) 교육훈련의 방식

① 분임토의(Syndicate) : 반을 편성하여 과제를 연구하고 발표·토론케 하는 방법으로, 타인의 의견을 존중하는 태도를 함양하며, 지도력 배양에 유용

② 사례연구(Case study) : 관리자·감독자 훈련에 적합

③ 모의연습(Simulation) : 업무수행 중 직면할 수 있는 가상의 상황에 대해 피훈련자에게 대처하도록 하는 것

④ 현장훈련(OJT) : 피훈련자가 직무수행하는 과정에서 경험을 쌓고 지도를 받는 방법

    ㉠ 실무지도(멘토링) : 일상 근무 중에 상관이 지도

    ㉡ 직무순환 : 여러 분야의 직무를 직접 경험

    ㉢ 임시배정 : 특수 직위에 잠시 배정하여 앞으로 임무에 대비

    ㉣ 실무수습(인턴십) : 간단한 업무 경험을 할 수 있는 기회 부여

⑤ 역할연기(Role playing) : 상대입장에 대한 이해의 폭을 넓히도록 하는 데 효과적

⑥ 감수성훈련 : 조직발전기법의 하나로 훈련자가 훈련에 참여한 타인들과 비정형적인 상호교류작용을 통하여 자기자신을 인식하며, 타인의 입장이나 태도를 이해하고(대인관계) 집단행동 및 과정에 대한 자각(집단행동자각)과 감수성을 향상시키고자 하는 훈련

(3) 역량기반 교육훈련

① 개념 : 조직의 실질적인 성과창출에 필요한 역량을 파악하고 현재 수준과 요구수준 간의 격차를 확인한 후 이를 해소하기 위한 교육훈련체계

② 역량기반 교육훈련의 방법

    ㉠ 멘토링 : 일상 근무 중에 상관이 지도하는 훈련 방식

    ㉡ 학습조직 : 개인의 업무수행과 관련성이 높은 지식의 창출·공유 및 학습이 가능

    ㉢ 액션러닝 : 정책 현안에 대한 현장 방문, 사례조사와 성찰 미팅을 통해 문제 해결 능력을 함양하는 교육훈련 방식

    ㉣ 워크아웃 프로그램 : 조직의 수직적·수평적 장벽을 제거하고, 전 구성원의 자발적 참여에 의한 행정혁신, 관리자의 신속한 의사결정과 문제 해결을 도모하는 교육훈련 방식

테마 13 근무성적평정

(1) 의의

① 개념 : 공무원이 일정기간 동안에 수행한 능력, 근무실적 등을 평가하여 재직, 승진, 훈련수요의 파악, 보수 결정 및 상벌에 영향을 주는 인사행정상의 한 과정

② 용도 : 인사행정기준, 능력발전, 교육훈련 수요 파악, 채용시험의 타당도 측정

(2) 근무성적평정의 유형

① 도표식평정척도법 : 연쇄효과, 관대화·집중화 발생, 등급 간 비교기준이 모호하여 주관적 평정 야기

② 강제배분법 : 관대화·집중화·엄격화 방지

③ 중요사건기록법 : 객관적 평가, 근접오류 방지, 비교기준이 없어 대인비교가 곤란

④ 행태기준 평정척도법 : 중요사건기록법+도표식 평정척도법, 등급을 선택 ➡ 상호배타성 문제

⑤ 체크리스트 평정법 : 평정이 용이, 연쇄효과 방지

(3) 근무성적평정의 오류

① 연쇄효과(후광효과) : 어떤 평정요소에 대한 평정자의 인상이 다른 평정요소에 영향을 미치는 현상(도표식 평정방법에서 많이 발생) – 체크리스트법, 강제선택법

② 분포상의 오류 : 관대화 경향, 엄격화 경향, 집중화 효과 – 강제배분법

③ 시간적 오차(최초효과와 근접효과)

　ㄱ **최초효과(첫머리 효과)** : 첫인상에 너무 큰 비중을 두는 데서 오는 착오

　ㄴ **근접효과(막바지 효과)** : 가장 최근의 정보를 중시하는 데서 오는 착오로서 최근의 근무성적이나 근무행태에 대한 인상을 가지고 평정하는 경향

　ㄷ **방지** : 독립된 평가센터 운영, 목표관리제 평정, 행태기준 평정척도법, 중요사건기록법 등의 활용

④ 상동적 오류(선입견에 의한 오류) : 개인적 편견과 선입견에 의한 평가, 인지대상이 속한 집단의 특성에 비추어 그 대상을 지각하는 오류

⑤ 규칙적 오류(일관된 오류) : 다른 평정자들 보다 언제나 후하거나 박한 점수를 주는 것으로 평정자의 가치관 및 평정기준에 차이에서 비롯

⑥ 총계적 오류(불규칙적 오류) : 평정자의 평정기준이 일정하지 않아 관대화 경향과 엄격화 경향이 불규칙하게 나타나는 것

⑦ 유사성의 오류 : 평정자 자신과 성향이 유사한 부하에게 후한 점수를 주는 착오

테마 14 ▶ 우리나라의 근무성적평정제도

(1) 직무성과계약제(4급 이상 공무원) – 성과계약 등 평가

조직의 고위관리자에게 업무수행과 관련된 성과계약을 사전에 체결토록 하고, 이에 근거하여 개인의 근무성적을 평가하고, 평가결과를 성과급, 승진 등에 반영하는 인사관리시스템 ➡ 부기관장은 기관장과, 실·국장은 부기관장과, 과장은 실·국장과 성과계약을 체결

(2) 근무성적평가제도(5급 이하 공무원)

근무실적 및 능력에 대한 평가로서 5급 이하의 공무원과 연구사 및 지도사와 우정직 공무원을 대상으로 실시(승진후보자 : 근무평가 90% + 경력평가 10%)

▶ 성과계약 등 평가제와 근무성적평가제의 비교

구 분	성과계약 등 평가제	근무성적평가제
대 상	4급 이상	5급 이하
평가시기	연 1회(12월 31일)	정기(연 2회 : 6월 30일, 12월 31일) 및 수시
평가항목	성과목표 달성도, 부서단위의 운영 평가결과, 그 밖에 직무수행과 관련된 자질 또는 능력 등	근무실적 및 직무수행능력으로 하되, 필요시 직무수행 태도를 추가
평가등급	• 평가등급의 수 3개 이상 • 고위공무원단 5개 등급	평가등급의 수 3개 이상, 최상위 등급인원은 상위 20% 비율로 최하위 등급인원은 하위 10% 비율로 평가
평정주체	복수(이중)평정 – ① 평가자 : 평가대상 공무원의 상급감독자 ② 확인자 : 평가자의 상급감독자	
절차	성과면담 ➡ 평정결과의 공개 ➡ 평정결과에 대한 이의신청	

(3) 다면평가제도(집단평정법, 360도 평정법) 의 장·단점

① 의의 : 조직원을 평가할 때 상사·동료·부하·고객 등 다양한 평가자가 평가하는 시스템
② 장점 : ㉠ 종합적·객관적 평가 ㉡ 민주적 리더십 확립 ㉢ 분권화 촉진 ㉣ 자기개발 대한 동기유발 ㉤ 인간관계 개선 및 의사소통 활성화 ㉥ 업무전반에 대한 성과 향상에 기여
③ 단점 : ㉠ 권위주의적 행정문화와 마찰 ㉡ 평가참여자의 지나친 확대가 평가의 정확성 저해 ㉢ 부하의 눈치를 의식하는 행정 ㉣ 인기투표 행태 ㉤ 담합으로 인한 목표의 왜곡 ㉥ 신설 조직이나 부처가 통합된 경우 능력보다는 출신 부처에 따른 평가로 부처이기주의 초래
④ 다면평가의 결과는 승진, 전보, 성과급을 지급하는데 참고자료로 활용

> **참고** **역량평가제**
>
> 실제업무와 유사한 모의상황 하에서 업무를 성공적으로 수행할 수 있는 역량(고성과자의 행동특성)이 있는지를 다양한 평가기법 및 집단토론 등을 활용하여 다수의 평가자가 제시된 직무상황에서 나타나는 평가 대상자의 행동을 관찰하여 그 역량을 사전에 평가·검증하는 제도로서 미래의 잠재력을 평가, 외부변수통제를 통한 객관적 평가, 다양한 실행과제를 종합적으로 평가

테마 15 ▶ 임용, 경력개발의 원칙, 유연근무제

(1) 임용의 종류

① 외부임용 – 공개경쟁채용, 경력경쟁채용
② 내부임용 – 승진과 강임, 전직·전보(배치전환)

▶배치전환의 용도

소극적인 용도	적극적인 용도
㉠ 징계의 수단	㉠ 부서 간 협력조성
㉡ 사임의 강요수단	㉡ 적재적소의 배치수단
㉢ 부정·부패의 방지수단	㉢ 능력발전과 교육훈련의 수단
㉣ 개인적 특혜의 제공 수단	㉣ 업무수행에 대한 권태방지와 조직의 활성화

(2) 경력개발의 원칙 – 공무원의 전문성제고

적재적소의 원칙	적성·능력과 직무 간 조화
승진경로의 원칙	적합한 승진경로모형 적용
인재양성의 원칙	외부영입이 아닌 인재내부양성 원칙
직무와 역량중심	직급이 아닌 직무가 요구하는 역량 개발에 중점
개방 및 공정경쟁	경력개발의 기회 균등 부여
자기주도의 원칙	경력목표와 경력계획을 스스로 수립

(3) 유연근무제의 종류

시간선택제 근무제		통상 근무시간보다 짧게 주 15~35시간 근무하고 근무시간비율에 따라 보수를 받으며 신분을 보장받는 정규직 공무원
탄력 근무제 (시간적 유연근무제)	시차출퇴근형	1일 8시간 범위 안에서 필수근무시간대(10:00~16:00)를 제외하고는 출퇴근시간을 탄력적으로 조정할 수 있는 제도(8시~17시 등)
	근무시간선택형	1일 근무시간(4~12H)을 조정하되, 주5일 40시간 근무 유지
	집약(압축)근무형	1일 근무시간(10~12H)을 조정하여 주 40시간 근무를 주 3.5~4일로 압축하여 근무
	재량근무형	출퇴근 의무 없이 프로젝트 수행으로 주40시간 근무 인정
원격 근무제 (장소적 유연근무제)	재택근무형	사무실이 아닌 가정에서 인터넷망을 이용하여 업무처리 및 결재
	스마트워크근무형	사무실이나 집이 아닌 주거지 근처 원격근무사무실(Smart office)에서 인터넷망을 통해 사무처리

(1) 의의

① 개념 : 공무원이 근로에 대한 대가로 받는 금전적 보상
② 성격 : 직무수행에 대한 반대급부(직무급적 성격)＋생활보장적 급부(생활급적 성격)

(2) 보수의 결정요인

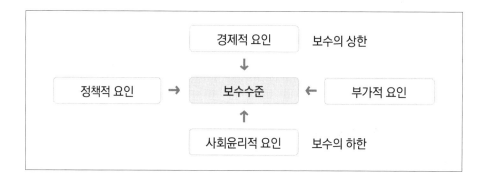

(3) 보수의 종류

① 생활급(직업공무원제) : 공무원과 가족의 생계비 기준
② 근속급(연공급) : 근속연한을 기준으로 보수결정
③ 직무급(직위분류제) : 공무원 개인에게 부여된 직무의 상대적 가치에 따라 보수결정
④ 직능급 : 직무수행을 위해 요구되는 직무 수행 능력에 따른 보수 결정
⑤ 성과급(업적급, 실적급) : 공무원의 직무수행에 따른 성과(실적)을 기준으로 보수결정

(4) 우리나라 공무원의 보수 : 봉급(기본급) + 수당

▶ 우리나라 공무원의 봉급(기본급)

연봉제	고정급적 연봉제	정무직공무원	개별 직위마다 고정된 연봉 지급
	직무성과급적 연봉제	고위공무원단	• 기본연봉 : 기준급＋직무급 (2등급) • 성과연봉 : 업무실적평가에 따라 차등지급
	성과급적 연봉제	1~5급(상당)공무원	• 기본연봉 : 계급별로 경력에 따라 지급 • 성과연봉 : 업무실적평가에 따라 차등지급
호 봉 제		과장급 미만	봉급(직급과 근무연한)

(5) 보수제도의 혁신 : 총액인건비제

① 개념 : 중앙당국(지방자치단체는 행정안전부)이 총 정원과 인건비예산의 총액만을 정해주면 각 부처는 그 범위 안에서 재량권을 발휘하여 인력운영(총 정원과 직급별 정원 및 보수) 및 기구설치에 대해 자율적으로 운영하고 그 결과에 대해 책임을 지는 제도

② 운영목표 : 자율과 책임의 조화

▶ 표준정원제와 총액인건비제도의 비교

구분	표준정원제	총액인건비제도
부처정원규모	정원 1인 증감에도 행정안전부 승인 필요	행정안전부는 정원의 상한만 관리(상한 범위 내에서 실제 정원규모는 부처가 자율적으로 결정)
직급별 정원	행정안전부 승인 필요	부처 자율 결정
지방자치단체	표준정원제(총 정원승인)	기준인건비제 : 행정안전부장관이 정해주는 총액인건비범위 안에서 조례로 총 정원, 계급별 정원 운용

테마 17 ▶ 공무원 연금

(1) 공무원 연금

군인, 선거로 취임하는 공무원은 제외, 국가공무원과 지방공무원 동일적용(장·차관포함)

(2) 공무원 연금조성방식 : 기금제 + 기여제

① 공무원 기여금 : 기여금의 납부기간은 36년, 기여금은 기준소득월액 9%

② 퇴직연금 : 퇴직연금 산정은 총 재직기간의 평균기준소득월액 기준, 10년 이상 근무한 일반행정직 공무원의 퇴직연금 수혜개시 연령은 65세, 유족연금 지급률은 60%

③ 퇴직수당은 공무원이 1년 이상 재직하고 퇴직 또는 사망한 때 지급하는 급여로서, 소요비용은 국가가 전액 부담

▶ 기금제와 비기금제

기금제(적립방식)	비기금제(부과방식)
① 인구구조변화와 무관	① 인구구조 변화에 취약
② 안정성 확보	② 재정운영 불안
③ 인플레이션에 취약	③ 인플레이션과 무관

공무원단체(공무원 노동조합)

▶ 공무원단체의 유용성과 한계

공무원단체의 유용성	문제점
① 압력단체의 기능	① 정치세력화
② 공무원 사기앙양 및 경제적·사회적 지위 향상	② 단체활동에 의한 행정의 안정성 저해
③ 쌍방적 의사전달의 통로, 행정의 민주화에 기여	③ 행정능률 저해(개방형임용에 대한 저항)

■ 공무원의 노동조합 설립 및 운영 등에 관한 법률

(1) 제정이유

공무원의 노동조합 설립 및 운영, 단체교섭, 분쟁조정절차 등에 관한 사항을 정함으로써 공무원의 근무조건의 개선과 사회적, 경제적 지위의 향상을 기하려는 것임

(2) 주요내용

① 공무원 노동조합 설립단위 : 국회, 법원,헌법재판소, 선거관리위원회, 행정부, 특별시, 광역시, 도, 시, 군, 구 등을 최소단위로 하여 설립(설립신고 : 고용노동부장관)할 수 있도록 함(복수노조 설립가능)

② 공무원 노동조합 가입범위 : 직급제한폐지

ⓐ 일반직공무원, ⓑ 별정직공무원, ⓒ 특정직공무원 중 외무공무원(외무영사직렬, 외교정보기술직렬), 소방공무원 및 교육공무원(교원 제외), ⓓ 퇴직 공무원

③ 가입할 수 없는 공무원

ⓐ 업무의 주된 내용이 다른 공무원에 대하여 지휘·감독권을 행사하거나 다른 공무원의 업무를 총괄하는 업무에 종사하는 공무원

ⓑ 업무의 주된 내용이 인사·보수 또는 노동관계의 조정·감독 등 노동조합의 조합원 지위를 가지고 수행하기에 적절하지 아니한 업무에 종사하는 공무원

ⓒ 교정·수사 등 공공의 안녕과 국가안전보장에 관한 업무에 종사하는 공무원

④ 노동조합 전임자의 지위 : 공무원은 임용권자의 동의를 얻어 노동조합의 업무에만 종사할 수 있도록 하되, 그 전임기간은 무급휴직으로 함

⑤ 대표자의 교섭 및 단체협약 체결권 : 공무원 노동조합의 대표자는 노동조합에 관한 사항 또는 공무원의 보수· 복지 그 밖의 근무조건에 관한 사항에 대하여 정부 측 교섭대표와 교섭하고 단체협약을 체결할 권한을 가지도록 하되, 정책결정에 관한 사항이나 임용권의 행사 등 근무조건과 직접 관련 없는 사항은 교섭대상이 될 수 없음

⑥ 조정신청 : 단체교섭이 결렬된 경우에는 당사자 일방 또는 쌍방의 중앙노동위원회에 조정을 신청 할 수 있다(지방공무원노조도 중앙노동위원회에 조정 신청). 조정신청이 있는 날부터 30일 이내에 종료하여야 한다.

⑦ 정치활동 및 쟁의행위의 금지 : 공무원 노조와 그 조합원은 다른 법령에서 금지하는 정치활동을 할 수 없음(우정직 노조는 단체행동권인정 ➜ 공무원 직장협의회가입 불가)

테마 19 ▶ 공무원의 정치적 중립

(1) 의의

정치적 중립이란 국민전체에 대한 봉사자로서 직무를 집행함에 있어 어느 정당이 집권하든 여야 간에 차별 없이 공평하게 봉사하는 불편부당성(不偏不黨性)을 의미

(2) 정치적 중립의 필요성

① 실적주의의 확립과 부정·부패의 방지 ② 행정의 안정성과 계속성의 확보
③ 행정의 공익성·공평성·불편부당성 확보 ④ 행정의 능률성과 전문성 확보
⑤ 행정의 자율성 확보

(3) 우리나라의 정치적 중립

① 헌법 제19조 : 공무원의 신분과 정치적 중립은 법률에 의하여 보장된다.
② 국가공무원법 제65조(정치운동의 금지)
　㉠ 공무원이 정당 기타 정치단체의 결성에 관여하거나 가입할 수 없다.
　㉡ 공무원이 선거에서 특정정당 또는 특정인에 대한 다음의 행위를 금지한다.
　　ⓐ 투표를 하거나 하지 아니하도록 권유하는 행위
　　ⓑ 서명운동을 기도·주재하거나 권유하는 행위
　　ⓒ 문서나 도서 게시하거나 게시하게 하는것
　　ⓓ 기부금 모집 또는 공공자금의 이용
　　ⓔ 정당이나 정치단체에 가입 또는 가입하지 아니하도록 권유하는 행위

참고　**제안제도**

(1) 의의 : 제안제도는 공무원의 창의적 의견과 고안을 장려하고 개발하여 행정과 정부시책에 반영함으로써 행정의 능률화와 경비의 절약을 기하며, 공무원의 참여의식과 과학적인 문제해결능력의 증진 및 사기앙양을 목적으로 시행되는 제도
(2) 효용과 한계
　① 효용 : 1차적으로 행정의 능률화, 예산절약에 기여를 하고, 공무원의 근무의욕을 고취시킬 수 있으며, 창의력 개발에 도움. 2차적으로는 하의상달을 통한 사기앙양으로 연결되며 행정의 민주화를 제고 할 수 있음
　② 한계 : 제안제도는 동료들 간의 경쟁 심리를 자극할 수 있으며, 합리적이고 공정한 심사가 뒷받침되어야 하는 전제조건이 필요함
(3) 우리나라의 제안제도
　① 공무원 제안의 범위·대상 확대 : 제안은 연중 상시 제안할 수 있으며 자신의 업무와 관련한 제도 개선사항도 제안으로 제출할 수 있도록 하고, 공동제안의 경우 소속기관장의 허가 없이 3인 이상이 공동으로 제안 가능
　② 공무원제안의 처리절차 개선과 우수한 제안의 보상 확대 : 제출된 제안은 1개월 이내에 채택여부를 결정하고 우수한 제안을 제출한 자에 대하여는 상금과 상여금을 각각 지급

---

(1) 의의

① 개념

　　㉠ 공직윤리는 공무원이 국민 전체의 봉사자로서 공무(행정업무)를 수행하는 과정이나 공직이라는 신분 면에서 준수해야 할 행동규범

　　㉡ 공직윤리는 소극적으로 부정부패 등 부정적인 행위를 하지 않아야 한다는 것을, 적극적으로 청렴성·성실성·봉사성·책무성·투명성 등에 입각한 능동적인 행정을 수행해야 한다는 것을 의미

② 윤리설의 관점

　　㉠ 목적론적 윤리설 : 윤리성의 기준이 공무원의 행위결과, 처벌이 목적(부패방지법)

　　㉡ 의무론적 윤리설 : 윤리성의 기준이 공무원의 행위동기, 문제해결이 목적(공직자윤리법)

(2) 우리나라 공직윤리체계 – 법령상 규제윤리

① 국가공무원법상 의무

　　㉠ 성실의무, ㉡ 복종의무, ㉢ 직장이탈금지의무, ㉣ 친절·공정의무, ㉤ 정치운동 금지,

　　㉥ 영예 등의 수령규제, ㉦ 비밀엄수의무, ㉧ 품위유지의무, ㉨ 영리업무 및 겸직금지,

　　㉩ 집단행위 금지, ㉪ 청렴의무, ㉫ 종교중립의 의무 등

② 공직자윤리법상 의무

　　㉠ 재산등록(4급 이상) 및 공개(1급 이상)의무 : 본인, 배우자, 직계존비속

구분	등록대상자	공개대상자
정무직	국가 및 자치단체의 정무직 전원	국가 및 자치단체의 정무직 전원
일반직·특정직·별정직	• 4급 이상 일반직, 특정직 국가 및 지방 공무원(임기제 공무원포함) • 4급 상당 외무공무원, 국정원 직원, 대통령경호처, 경호공무원 • 법관, 검사, 헌재연구관	• 1급 이상 일반직, 특정직 국가 및 지방 공무원(임기제 공무원포함) • 대통령령으로 정하는 외무공무원 • 고법 부장판사급 이상, 대검 검사급 이상
군 인	대령 이상	중장 이상
경 찰	총경 이상	치안감 이상, 시·도경찰청장
소 방	소방정 이상	소방정감 이상
세 무	4급 이상	지방국세청장, 3급 이상, 세관장
교 육	총장, 부총장, 대학원장, 학장, 교육감, 교육장 등	총장, 부총장, 학장, 교육감 등
공공기관	장, 부기관장, 상임이사 및 감사 등	장, 부기관장, 상임감사 등

ⓛ 외국 정부 등으로부터 받은 선물의 신고·등록의무 : 공직자 또는 그 가족이 공직자의 직무와 관련하여 외국정부나 외국인으로부터 받은 일정가액(국내시가 10만원 또는 미화 100달러 이상)의 선물을 신고해야 하며, 그것은 국고에 귀속

ⓒ 퇴직공무원의 취업제한 : 재산등록의무자는 퇴직 후 3년간 취업심사대상기관에 취업불가(다만 공직자윤리위원회로부터 퇴직 전 5년 동안 소속하였던 부서업무와 밀접한 관련성이 없다는 확인 또는 취업승인을 받은 때에는 가능)

> | 참고 | **퇴직공직자의 업무취급 제한** |
> | --- | --- |
>
> 기관업무기준 취업심사대상자는 다른 법률에 특별한 규정이 있는 경우를 제외하고는 퇴직 전 2년부터 퇴직할 때까지 근무한 기관이 취업한 취업심사대상기관에 대하여 처리하는 업무를 퇴직한 날부터 2년 동안 취급할 수 없다.

ⓔ 이해충돌방지의 의무화 : 공직자가 수행하는 직무가 공직자의 재산상 이해와 관련되어 공정한 직무수행이 어려운 상황이 야기되지 않도록 이해충돌방지를 위한 노력

ⓜ 직무관련성이 있는 주식의 매각 또는 신탁 : 재산공개대상자 등은 본인 및 이해관계자 모두가 보유한 주식 중 직무관련성이 있는 주식의 총가액이 대통령령이 정하는 기준을 초과하는 경우 주식의 매각이나 백지신탁에 관한 계약을 체결해야함

> | 참고 | **주식의 직무관련성 심사** |
> | --- | --- |
>
> 주식백지신탁심사위원회(인사혁신처 소속)

③ 부패방지 및 국민권익위원회 설치·운영에 관한 법률상 의무
 ㉠ 공직내부비리 발견 시 신고(실명이 원칙)할 의무
 ㉡ 내부고발자 보호 – 재직중, 퇴직후/신고접수 60일 이내 처리
 ㉢ 비위면직자 취업제한의무(퇴직 후 5년 동안 취업제한 기관에 취업금지)
 ㉣ 국민감사청구제 – 감사원에 청구

(1) 이해충돌의 의미와 유형

① 개념 : 공직자가 직무를 수행할 때에 자신의 사적 이해관계가 관련되어 공정하고 청렴한 직무수행이 저해되거나 저해될 우려가 있는 상황

② 유형

   ㉠ 실질적 이해충돌 : 현재에도 발생하고 있고, 과거에도 발생한 이해충돌

   ㉡ 외견상 이해충돌 : 공무원의 사익이 부적절하게 공적 의무의 수행에 영향을 미칠 가능성이 있는 상태로서, 부정적 영향이 현재화된 것은 아닌 상태

   ㉢ 잠재적 이해충돌 : 공무원이 미래에 공적 책임에 관련되는 일에 연루되는 경우에 발생하는 이해충돌

(2) 이해충돌의 회피

① 개념 : 공무원이 충돌되는 이해관계에서 벗어나는 것을 의미(근거 : 자기심판 금지의 원칙)

② 특징 : 사전적·예방적 제도, 대리인의 신뢰성 확보장치

③ 우리나라의 이해충돌의 회피제도 : 인사청문회, 백지신탁제도, 직무배제, 제척·기피·회피

참고 **공직자의 이해충돌 방지법**

1. 총칙

(1) 목적 : 이 법은 공직자의 직무수행과 관련한 사적 이익추구를 금지함으로써 공직자의 직무수행 중 발생할 수 있는 이해충돌을 방지하여 공정한 직무수행을 보장하고 공공기관에 대한 국민의 신뢰를 확보하는 것을 목적으로 한다.

(2) 용어 정의

  ① 직무관련자 : 공직자가 법령·기준에 따라 수행하는 직무와 관련되는 자

    ㉠ 공직자의 직무수행과 관련하여 일정한 행위나 조치를 요구하는 개인이나 법인 또는 단체

    ㉡ 공직자의 직무수행과 관련하여 이익 또는 불이익을 직접적으로 받는 개인이나 법인 또는 단체

    ㉢ 공직자가 소속된 공공기관과 계약을 체결하거나 체결하려는 것이 명백한 개인이나 법인 또는 단체

    ㉣ 공직자의 직무수행과 관련하여 이익 또는 불이익을 직접적으로 받는 다른 공직자

  ② 사적이해관계자

    ㉠ 공직자 자신 또는 그 가족(「민법」 제779조에 따른 가족)

    ㉡ 공직자 자신 또는 그 가족이 임원·대표자·관리자 또는 사외이사로 재직하고 있는 법인 또는 단체

    ㉢ 공직자 자신이나 그 가족이 대리하거나 고문·자문 등을 제공하는 개인이나 법인 또는 단체

    ㉣ 공직자로 채용·임용되기 전 2년 이내에 공직자 자신이 재직하였던 법인 또는 단체 등

(3) 국가 등의 책무

  ① 국가는 공직자가 공정하고 청렴하게 직무를 수행할 수 있는 근무 여건을 조성하기 위하여 노력하여야 한다.

---

② 공공기관은 공직자가 사적 이해관계로 인하여 공정하고 청렴한 직무수행에 지장을 주지 아니하도록 이해충돌을 효과적으로 확인·관리하기 위한 조치를 하여야 한다.

③ 공공기관은 공직자가 위반행위 신고 등 이 법에 따른 조치를 함으로써 불이익을 당하지 아니하도록 적절한 보호조치를 하여야 한다.

(4) 공직자의 의무

① 공직자는 사적 이해관계에 영향을 받지 아니하고 직무를 공정하고 청렴하게 수행하여야 한다.

② 공직자는 직무수행과 관련하여 공평무사하게 처신하고 직무관련자를 우대하거나 차별하여서는 아니된다.

③ 공직자는 사적 이해관계로 인하여 공정하고 청렴한 직무수행이 곤란하다고 판단하는 경우에는 직무수행을 회피하는 등 이해충돌을 방지하여야 한다.

2. 공직자의 이해충돌방지 및 관리

(1) 사적이해관계자의 신고 및 회피·기피 신청 : 공직자는 직무관련자가 사적이해관계자임을 안 경우 안 날부터 14일 이내에 소속기관장에게 그 사실을 서면으로 신고하고 회피를 신청해야하고, 직무관련자 또는 이해관계가 있는 자는 그 공직자의 소속기관장에게 기피를 신청할 수 있다.

(2) 공공기관 직무 관련 부동산 보유·매수 신고 : 부동산을 직접 취급하는 대통령령으로 정하는 공공기관의 공직자(배우자, 공직자와 생계를 같이하는 직계존·비속 포함)는 업무와 관련된 부동산을 보유하고 있거나 매수하는 경우 그 사실을 서면으로 신고해야 하고, 그 외 공공기관의 공직자는 공공기관이 택지개발, 지구 지정 등 부동산 개발 업무를 하는 경우 그 부동산을 보유하고 있거나 매수하는 경우 신고하여야 한다.

(3) 사적이해관계자의 신고 등에 대한 조치 : 신고·회피신청이나 기피신청 또는 부동산 보유·매수신고를 받은 소속기관장은 해당 공직자의 직무수행에 지장이 있다고 인정하는 경우에는 직무수행의 일시 중지 명령, 직무 대리자 또는 공동수행자의 지정, 직무 재배정, 전보 중 어느 하나에 해당하는 조치를 하여야 한다.

(4) 고위공직자의 민간 부문 업무활동 내역 제출 및 공개 : 고위공직자는 그 직위에 임용되거나 임기를 개시하기 전 3년 이내에 민간 부문에서 업무활동을 한 경우, 그 활동 내역을 그 직위에 임용되거나 임기를 개시한 날부터 30일 이내에 소속기관장에게 제출하여야 한다.

(5) 직무관련자와의 거래 신고 : 공직자는 자신, 배우자 또는 직계존속·비속(배우자의 직계존속·비속으로 생계를 같이하는 경우 포함)이 공직자 자신의 직무관련자(친족인 경우는 제외한다)와 금전을 빌리거나 빌려주는 행위 및 유가증권을 거래하는 행위, 부동산을 거래하는 행위, 물품·용역·공사 등의 계약을 체결하는 행위를 한다는 것을 사전에 안 경우에는 안 날부터 14일 이내에 소속기관장에게 신고하여야 한다.

(6) 직무 관련 외부활동의 제한 : 공직자는 직무관련자에게 사적으로 노무 또는 조언·자문 등을 제공하고 대가를 받는 행위, 소속 공공기관의 소관 직무와 관련된 지식이나 정보를 타인에게 제공하고 대가를 받는 행위, 소속된 공공기관이 당사자이거나 직접적인 이해관계를 가지는 사안에서 자신이 소속된 공공기관의 상대방을 대리하거나 그 상대방에게 조언·자문 또는 정보를 제공하는 행위, 외국의 기관·법인·단체 등을 대리하는 행위, 직무와 관련된 다른 직위에 취임하는 행위 등을 하여서는 아니 된다.

(7) 가족 채용 제한 : 공공기관은 소속 고위공직자, 채용업무를 담당하는 공직자, 해당 산하 공공기관의 감독기관인 공공기관 소속 고위공직자, 해당 자회사의 모회사인 공공기관 소속 고위공직자의 가족을 채용할 수 없다.

(8) 수의계약 체결 제한 : 공공기관은 소속 고위공직자, 국회의원, 지방의회의원, 감독기관의 고위공직자, 해당 계약업무를 담당하는 공직자 및 그 배우자 등과 수의계약을 체결할 수 없고, 고위공직자 등은 소속된 공공기관이 자신 및 배우자 등과 수의계약을 체결하도록 지시·유도 또는 묵인을 하여서는 안 된다. 다만, 해당 물품의 생산자가 1명뿐인 경우에는 그러하지 아니하다.

(9) 공공기관 물품 등의 사적 사용·수익 금지 : 공직자는 공공기관이 소유하거나 임차한 물품·차량·선박·항공기·건물·토지·시설 등을 사적인 용도로 사용·수익하거나 제3자로 하여금 사용·수익하게 하여서는 아니 된다.

(10) 직무상 비밀 등 이용 금지 : 공직자는 직무수행 중 알게 된 비밀 또는 미공개정보를 이용하여 재물 또는 재산상의 이익을 취득하거나 제3자로 하여금 재물 또는 재산상의 이익을 취득하게 하여서는 아니 되며, 직무수행 중 알게 된 비밀 등을 사적 이익을 위하여 이용하거나 제3자로 하여금 이용하게 하여서는 아니 된다.

(11) 퇴직자 사적 접촉 신고 : 공직자는 직무관련자인 소속 기관의 퇴직자(공직자가 아니게 된 날부터 2년이 지나지 아니한 사람만 해당한다)와 골프, 여행, 사행성 오락을 같이 하는 행위를 등 사적 접촉을 하는 경우 소속기관장에게 신고하여야 한다.

3. 이해충돌 방지에 관한 업무의 총괄 및 징계와 벌칙

(1) 공직자의 이해충돌 방지에 관한 업무의 총괄 : 국민권익위원회

(2) 징계 : 공공기관의 장은 소속 공직자가 이 법 또는 이 법에 따른 명령을 위반한 경우에는 징계처분을 하여야 한다.

(3) 벌칙 : 직무수행 중 알게 된 비밀 또는 소속 공공기관의 미공개정보를 이용하여 재물 또는 재산상의 이익을 취득하거나 제3자로 하여금 재물 또는 재산상의 이익을 취득하게 한 공직자는 7년 이하의 징역 또는 7천만원 이하의 벌금에 처한다.

테마 22 부정청탁 및 금품 등 수수의 금지에 관한 법률

(1) 공공기관

가. 국회, 법원, 헌법재판소, 선거관리위원회, 감사원, 국가인권위원회, 중앙행정기관과 그 소속 기관 및 지방 자치단체

나. 공직유관단체

다. 공공기관의 운영에 관한 법률에 따른 기관

라. 언론사

마. 각급 학교 및「사립학교법」에 따른 학교법인

(2) 부정청탁의 금지 예외사항

① 「청원법」, 「민원사무 처리에 관한 법률」, 「행정절차법」, 「국회법」 등에서 정하는 절차·방법에 따라 권리침해의 구제·해결을 요구하거나 그와 관련된 법령·기준의 제정·개정·폐지를 제안 등 특정한 행위를 요구하는 행위

② 공개적으로 공직자등에게 특정한 행위를 요구하는 행위

③ 선출직 공직자, 정당, 시민단체 등이 공익적인 목적으로 제3자의 고충민원을 전달하거나 법령·기준의 제정· 개정·폐지 또는 정책·사업·제도 및 그 운영 등의 개선에 관하여 제안·건의하는 행위

④ 공공기관에 직무를 법정기한 안에 처리하여 줄 것을 신청·요구하거나 그 진행상황·조치결과 등에 대하여 확인·문의 등을 하는 행위

⑤ 직무 또는 법률관계에 관한 확인·증명 등을 신청·요구하는 행위

(3) 금품 등의 수수 금지 예외사항

공직자등은 직무 관련 여부 및 기부·후원·증여 등 그 명목에 관계없이 동일인으로부터 1회에 100만원 또는 매 회계연도에 300만원을 초과하는 금품 등을 받거나 요구 또는 약속해서는 아니 된다.

① 공공기관이 소속 공직자등이나 파견 공직자등에게 지급하거나 상급 공직자등이 위로·격려·포상 등의 목적 으로 하급 공직자등에게 제공하는 금품 등

② 원활한 직무수행 또는 사교·의례 또는 부조의 목적으로 제공되는 음식물·경조사비·선물 등으로서 대통령령 으로 정하는 가액 범위 안의 금품 등

③ 사적 거래(증여는 제외한다)로 인한 채무의 이행 등 정당한 권원(權原)에 의하여 제공되는 금품 등

④ 공직자등의 친족(「민법」 제777조에 따른 친족을 말한다)이 제공하는 금품 등

⑤ 공직자등과 관련된 직원상조회·동창회·친목회 등이 정하는 기준에 따라 구성원에게 제공하는 금품 등 및 그 소속 구성원 등 공직자등과 특별히 장기적·지속적인 친분관계를 맺고 있는 자가 질병·재난 등으로 어려 운 처지에 있는 공직자등에게 제공하는 금품 등

⑥ 공직자등의 직무와 관련된 공식적인 행사에서 주최자가 참석자에게 통상적인 범위에서 일률적으로 제공하 는 교통, 숙박, 음식물 등의 금품 등

⑦ 불특정 다수인에게 배포하기 위한 기념품 또는 홍보용품 등이나 경연·추첨을 통하여 받는 보상 또는 상품 등

> **참고** **음식물·선물·경조사비 등의 가액 범위**
>
> 음식물(5만원), 선물(5만원)/농수산가공품(15만원), 축의금·조의금(5만원)/화환·조화(10만원)

테마 23 공직부패와 공무원의 징계

(1) 공직부패의 의의

① 개념 : 공직자가 자신의 직무와 관련하여 위법부당하게 사적 이익을 추구하거나 공익을 침해하는 행위
② 광의의 공직부패 : 행정권의 오용

    ㉠ 부정·부패행위   ㉡ 무사안일   ㉢ 법규의 경시   ㉣ 입법의도의 편향된 해석

    ㉤ 불공정한 인사   ㉥ 무능   ㉦ 실책의 은폐   ㉧ 비윤리적 행위

> **참고**   법규의 엄격한 적용, 재량권행사(오용×)

(2) 공직부패의 유형

① 부패의 내용에 의한 분류

    ㉠ 제도화된 부패 : 부패공직자가 죄의식도 느끼지 못하면서 조직의 옹호를 받도록 관행적·체제화된 부패
      (인허가시 – 급행료)
    ㉡ 후원형 부패 : 공무원이 학연 등을 토대로 불법적인 후원을 하는 행위
    ㉢ 사기형 부패 : 공무원이 공금이나 예산을 횡령하거나 유용하는 행위
    ㉣ 거래형 부패 : 공무원과 시민이 뇌물을 매개로, 이권 등을 주고받는 행위
    ㉤ 일탈형 부패 : 우발적·개인적 부패 (돈 받고 단속 눈감아주기)
② 흑색부패, 회색부패, 백색부패(부패의 용인가능성 정도에 따라)

    ㉠ 흑색부패(악성화된 부패) : 사회체제에 심각하게 해를 끼치는 부패로 구성원 모두가 인정하고 처벌을 원
      하는 부패(공금횡령, 뇌물수수 등)
    ㉡ 백색부패(경미한 부패) : 사회에 심각한 해가 없거나 관료의 사익을 추구하려는 의도가 없는 선의의 부
      패로서 구성원들이 어느 정도 용인할 수 있는 관례화된 부패(미풍양속형 부패, 선의의 거짓말 등)
    ㉢ 회색부패(일상화된 부패) : 사회체제에 파괴적인 영향을 미칠 수 있는 잠재성을 지닌 부패로서 사회구
      성원 가운데 일부집단은 처벌을 원하지만 다른 일부집단은 처벌을 원하지 않는 부패(과도한 선물수수)

(3) 공직부패의 접근방법

① 도덕적 접근법 : 부패의 원인을 개인들의 윤리, 자질의 탓으로 돌리는 경우
② 사회·문화적 접근법 : 공직 사회의 독특한 인사문화나 선물관행과 관련된 부패와 관계있는 접근방법
③ 제도적 접근법 : 사회의 법과 제도상의 결함이 부정부패의 원인으로 작용한다는 입장
④ 체제론적 접근법 : 공무원부패는 어느 하나의 변수에 의해 설명되는 것이 아니라, 그 나라의 문화적 특성,
제도의 결함, 구조상의 모순 그리고 공무원의 부정적 행태 등 다양한 요인에 의해 복합적으로 나타난다고
보는 입장

(4) 공무원의 징계유형

① 견책 : 전과에 대하여 훈계하고 회계하게 하는 것이며, 공식절차에 의하고 인사기록에 남음(6개월간 승진·승급 정지)

② 감봉 : 1개월 이상 3개월 이하의 기간 동안 보수의 1/3을 감하는 처분(12개월간 승진·승급 정지)

③ 정직 : 1개월 이상 3개월 이하의 기간 동안 공무원의 신분은 유지하나 직무수행이 정지되고 보수전액을 삭감(18개월간 승진·승급 정지)

④ 강등 : 공무원 신분은 보유하나 1계급 아래로 직급을 내리고 3개월간 직무에 종사하지 못하게 하며 보수전액을 삭감(18개월간 승진·승급 정지)

⑤ 해임 : 강제퇴직의 한 종류로서 퇴직급여에는 영향을 주지 않으며 3년간 공무원의 임용자격이 제한 단, 공금횡령 및 유용 등으로 해임된 경우에는 퇴직급여의 1/8 내지는 1/4 삭감

⑥ 파면 : 공무원을 강제로 퇴직시키는 처분으로 5년간 재임용자격이 제한되고 퇴직급여는 1/4 내지는 1/2 삭감

(5) 소청심사위원회 – 인사혁신처소속

① 공무원의 징계처분 기타 그 의사에 반하는 불리한 처분이나 부작위에 대한 소청을 심사·결정하는 준사법적 의결기관

② 심사대상 : 신분상의 모든 불이익 처분(징계, 강임, 전보 등)이나 부작위가 소청심사 대상이며, 승진탈락 및 근무성적평정결과는 대상이 아님

③ 소청심사·결정 : 재적위원 2/3 이상의 출석과 출석위원 과반수로 결정(의견분립 시 소청인에게 유리하게 결정), 소청심사를 거치지 아니하고는 행정소송을 제기할 수 없음

④ 효력 : 위원회의 결정은 처분청 기속, 원 징계보다 무거운 징계불가, 재심청구불가

⑤ 소청심사청구를 접수한 날로부터 60일 이내 결정하며, 30일 간 연장이 가능

▶ 소청심사와 고충심사의 비교

구분	소청심사	고충심사
대상	징계처분 그 밖에 그 의사에 반하는 불리한 처분이나 부작위	근무 조건, 인사관리와 그 밖에 신상 문제와 관련된 고충
기능	준사법적 기능	정부의 배려적 활동
결정	재적위원 2/3 이상 출석과 출석위원 과반수	재적위원 과반수
구속력	있음	없음

직권면직과 직위해제

(1) 직권면직 : 공무원이 일정한 사유에 해당되었을 경우에 본인의 의사와는 무관하게 임용권자가 그의 공무원신분을 박탈하는 제도를 말한다. 그 사유는 다음과 같다.
  ① 직제 · 정원의 개폐, 예산의 감소 등에 의하여 폐직 또는 과원이 되었을 때
  ② 휴직기간의 만료 또는 휴직사유가 소멸된 후에도 복귀하지 아니할 때
  ③ 직위해제처분에 따라 대기명령 받은 자가 그 기간 중 능력의 향상 또는 개전의 정이 없다고 인정될 때
  ④ 전직시험에서 3회 이상 불합격한 자로서 직무수행능력이 부족하다고 인정된 때
  ⑤ 징병검사 · 입영 등의 명령을 기피하거나 군복무를 이탈하였을 때
  ⑥ 해당 자격증의 효력상실 또는 면허가 취소되었을 때

(2) 직위해제 : 임용권자가 공무원에게 직위를 부여하지 않고 일정한 기간 동안 직무에서 격리시키는 처분으로서 제재적 의미를 가진다. 공무원 신분은 유지되지만 출근의무가 없고 보수도 삭감된다. 그 사유는 다음과 같다.
  ① 직무수행 능력이 부족하거나 근무성적이 극히 불량한 경우 ➔ 주관적인 요건으로 남용 시 신분보장 위협
  ② 중징계(정직·강등·해임·파면) 의결 요구 중인 경우
  ③ 형사사건으로 기소된 경우(약식명령은 제외)
  ④ 고위공무원단에 속하는 일반직 공무원으로서 적격심사를 요구받은 자
  ⑤ 금품비위, 성범죄 등 대통령령으로 정하는 비위행위로 인하여 감사원 및 검찰·경찰 등 수사기관에서 조사나 수사 중인 자로서 비위의 정도가 중대하고 이로 인하여 정상적인 업무수행을 기대하기 현저히 어려운 자

공무원 헌장

① 공무원헌장 : 전문
  우리는 자랑스러운 대한민국의 공무원이다. 우리는 헌법이 지향하는 가치를 실현하며 국가에 헌신하고 국민에게 봉사한다. 우리는 국민의 안녕과 행복을 추구하고 조국의 평화 통일과 지속 가능한 발전에 기여한다.

② 공무원헌장 : 본문
  ㉠ 공익을 우선시하며 투명하고 공정하게 맡은 바 책임을 다한다.
  ㉡ 우리 사회의 다양성을 존중하고 국민과 함께 하는 민주 행정을 구현한다.
  ㉢ 창의성과 전문성을 바탕으로 업무를 적극적으로 수행한다.
  ㉣ 청렴을 생활화하고 규범과 건전한 상식에 따라 행동한다.

PUBLIC
ADMINISTRATION

제 **05** 장

재무행정론

재정과 예산의 기능

(1) 공공재정의 범위

공공재정의 기본구조				적용법규	관리책임자
공공 재정	국가 재정	예산	일반회계	국가재정법	기획재정부장관
			특별회계 기업특별회계	정부기업예산법	중앙관서의 장
			특별회계 기타특별회계	개별법	
		기금		국가재정법	
	지방 재정	예산	일반회계	지방재정법	자치단체의 장
			특별회계		
		기금			

(2) 예산

1 회계년도 정부의 수입과 지출의 내역과 규모에 관한 예정 계획(예산주기 3년)

(3) 예산의 기능

① 경제적 기능 : 자원배분기능, 소득 재분배기능, 경제안정(Musgrave의 예산의 3대기능)+경제성장촉진기능
② 행정적 기능 : 예산의 통제기능(LIBS), 관리기능(PBS), 계획기능(PPBS). 감축기능(ZBB)
③ 정치적 기능 : 예산을 둘러싼 이해관계의 조정기능(A. Wildavsky)
④ 법적 기능 : 예산은 국회가 심의·의결하여 확정한 범위 내에서만 지출되도록 통제

(4) 예산의 신 기능

① 총량적 재정규율 : 예산 총액의 효과적인 통제를 의미하는 것
② 배분적 효율성 : 부문 간 재원 배분을 통한 재정지출의 총체적 효율성을 도모하는 것
③ 운영상의 효율성 : 배분적 효율성이 사업 부문 간 자원배분의 효율성을 의미한다면, 운영상 효율성은 사업 부문 내 자원배분의 효율성을 의미

테마 02 | 예산의 원칙

(1) 국가재정법상 예산 원칙

① 재정건전성 확보　　　　　　　　　② 국민부담 최소화

③ 예산투명성 확보와 국민 참여제고　　④ 성과제고관리

⑤ 예산의 양성평등 원칙

⑥ 정부는 예산이 온실가스 감축에 미치는 효과를 평가하고, 그 결과를 정부의 예산편성에 반영하기 위하여 노력하여야 한다.

(2) 전통적 예산 원칙

입법부 우위의 예산원칙, 통제중심적 예산원칙(입법국가 시대) – F. Neumark	
① 공개성 원칙　② 명료성 원칙(예외 총괄예산)　③ 정확성(엄밀성) 원칙(예산과 결산의 일치)	
④ 완전성 원칙 (예산총계주의)	예산에는 모든 세입·세출이 빠짐없이 계상되어야 한다는 것으로, 징수비용을 제외한 순수입만을 계상하는 순계예산을 사용해서는 안 된다는 원칙 (예외 순계예산, 현물출자, 수입대체경비의 초과수입, 전대차관)
⑤ 통일성 원칙 (목적구속금지)	특정수입과 특정지출이 연계되어서는 안 되며, 국가의 모든 수입은 일단 국고에 편입되고 여기서부터 모든 지출이 이루어져야 한다는 원칙 (예외 특별회계예산, 기금, 목적세, 수입대체경비)
⑥ 사전의결 원칙	예산은 집행되기 전에 입법부에 제출되고 심의·의결되어야 한다는 원칙 (예외 준예산, 긴급명령, 사고이월, 전용, 이체)
⑦ 한정성 원칙	• 목적 외 사용금지 (예외 이용, 전용) • 금액초과 사용금지 (예외 예비비, 추경예산) • 회계연도 독립원칙 (예외 이월, 계속비)
⑧ 단일성 원칙	예산은 가능한 한 단일의 회계 내에서 정리되어야 한다는 원칙(하나로 존재) (예외 특별회계, 기금, 추경예산)

(3) 현대적 예산 원칙

행정부 우위의 예산원칙, 자원관리의 효율성과 계획성 강조(행정국가 시대) – H. D. Smith		
① 행정부 계획의 원칙	② 행정부 책임의 원칙	③ 보고의 원칙
④ 다원적 절차의 원칙	⑤ 적절한 수단구비의 원칙	⑥ 시기 신축성의 원칙
⑦ 행정부 재량의 원칙	⑧ 예산기구 상호교류의 원칙	

테마 03 예산관계법률

(1) 예산의 형식

구 분	법률주의	의결주의
의의	예산이 법률의 형식으로 의회 의결을 얻는 것 (영국, 미국)	예산이 예산서 형태로 의회 의결을 얻는 것 (한국, 대륙법계 국가)
대통령의 거부권	거부권 행사 가능	거부권 행사 불가능
특징	세출·세입예산을 매년 입법부가 법률로 확정	행정부가 편성한 예산을 매년 의회가 의결

(2) 예산관계법률

① 헌법 : 우리나라 헌법은 조세법률주의를 채택하고 있으며, 행정부제출예산제도와 국회의 예산심의, 감사원의 권한, 준예산, 예비비, 계속비, 추가경정예산 등을 규정

② 국가재정법 : 국가재정에 관한 총칙으로 효율적이고 성과지향적이며 투명한 재정운용과 건전재정의 기틀을 확립하기 위해 국가의 예산·기금·결산·성과관리 및 국가채무 등 재정에 관한 사항을 규정한 법

③ 정부기업예산법 : 정부기업(조달·우편·우체국예금·양곡관리), 특별회계책임운영기관의 합리적 경영을 위하여 국가재정법에 근거하여 별도로 제정된 법

④ 국가회계법 : 국가회계의 투명성과 신뢰성을 높이고 재정에 관한 유용한 정보를 생산·제공하도록 하기 위하여 중앙관서 등에 복식부기 및 발생주의 기반의 회계방식을 도입하는 근거를 마련하고, 국가회계의 처리기준 등에 관한 사항을 정하고자 제정된 법

▶ 국가채무(조세와 공채 비교)

구분	조세	공채
조달	강제징수 ○	강제징수 × (공모 또는 중앙은행 인수)
부담주체	현세대(재정 부담이 미래세대로 전가되지 않음)	세대 간 분담(세대 간에 비용부담 전가)
수익자부담주의	비적용	적용(편익을 누리는 미래세대가 비용부담)
성격	수입	부채
경기회복	효과 작음	효과 큼(불황 시 공공지출 확대로 수요 진작)
저항	큼	작음

▶ 국가채무관리

1. '국가채무(금전채무)'의 범위

    ① 국가의 회계 또는 기금이 발행한 채권   ② 국가의 회계 또는 기금의 차입금(공공차관 포함)

    ③ 국가의 회계 또는 기금의 국고채무부담행위   ④ 국가보증채무 중 정부의 대지급 이행이 확정된 채무

2. 국가채무에 포함되지 않는 것

    ① 국고금 출납 상 필요한 재정증권 또는 한국은행으로부터의 일시차입금

    ② 국가의 회계 또는 기금이 발행한 채권 중, 국가의 회계 또는 기금이 인수 또는 매입하여 보유하고 있는 채권

    ③ 국가의 회계 또는 기금의 차입금 중, 국가의 다른 회계 또는 기금으로부터의 차입금

테마 04 ▶ 예산의 종류

(1) 세입세출의 성질에 따른 분류

① 일반회계예산 : 일반적인 국가활동, 국가재정법적용

② 특별회계예산 : 특정 세입에 의해 특정 세출에 충당하도록 편성된 예산, 정부기업예산법적용

  ㉠ 국가에서 특정한 목적의 사업을 운영할 때 – 정부기업특별회계(조달, 우체국 예금, 우편사업, 양곡관리)와 책임운영기관특별회계

  ㉡ 특별한 자금을 보유하여 운영할 때

  ㉢ 기타 특정한 세입을 특정한 세출에 충당

  ㉣ 특징

    ⓐ 예산단일성 원칙과 예산통일성 원칙의 예외

    ⓑ 법률에 의한 설치

    ⓒ 기업특별회계와 책임운영기관특별회계는 정부기업예산법에 의해 기업회계의 원칙으로 운영(발생주의 원칙, 원가계산, 감가상각, 수입금 마련지출제도)

    ⓓ 특별회계는 해당부처가 관리한다. 다만 책임운영기관 특별회계는 계정별로 소속 중앙행정기관의 장이 운용하고, 기획재정부장관이 통합 관리한다.

  ㉤ 장·단점

장점	단점
• 정부 운영 사업의 수지 명확 • 행정기관의 재량범위를 넓혀, 경영의 합리화 • 행정기능의 전문화, 다양화에 부응	• 예산구조를 복잡하게 하여, 예산의 심의·관리 곤란 • 재정의 통합성을 저해

③ 기금

  ㉠ 개념 : 기금(Fund)이란 국가가 특정한 목적을 위하여 특정한 자금을 운용할 필요가 있을 때에 한하여 법률로 설치하되 세입세출예산 외로 운영되는 자금

  ㉡ 목적 : 기금은 예산 원칙의 일반적인 제약으로부터 벗어나 좀 더 탄력적으로 운용할 수 있도록 특정목적의 사업을 위해 보유ㆍ운용하는 특정자금

  ㉢ 특징

    ⓐ 재원 : 예산은 조세수입을 재원으로 하며 무상적 급부를 원칙으로 하나, 기금은 일반회계로부터의 전입금이나 정부출연금, 자체수입, 차입 등에 의존하며 유상적 급부가 원칙

    ⓑ 운용방식 : 예산은 회계연도 내의 세입이 그 해에 모두 지출되는데 반해, 기금은 조성된 자금을 회계연도 내에 운용해 남는 자금을 계속 적립

    ⓒ 기금은 예산 외로 운용되므로 예산단일성 및 통일성의 원칙의 예외

    ⓓ 기금운용의 평가 : 기획재정부장관

▶ 일반회계예산, 특별회계예산, 기금의 비교

구분	일반회계	특별회계	기금
설치사유	국가고유의 일반적인 재정활동	• 특정사업 운영 • 특정세입으로 특정세출에 충당	특정목적을 위하여 특정자금을 운용할 필요가 있을 때
재원조달 및 운용형태	조세수입과 무상급부 원칙	일반회계와 기금의 운용형태 혼재	출연금과 부담금 등을 수입원으로 하여 유상급부 제공
확정절차	국회의 심의·의결		
집행절차	합법성에 입각한 엄격한 통제		합목적성 차원에서 상대적으로 자율성과 탄력성 보장
수입과 지출의 연계	연계 배제	연계	
계획 변경	추가경정예산편성, 이용·전용·이체		주요 항목 지출금액이 20% 이상(금융성 기금은 30%) 변경 시 국회의결 필요
결산	국회의 결산심의·의결		

(2) 예산의 성립시기에 따른 종류

① 본예산 : 정부가 국회에 제출한 당초예산

② 수정예산 : 국회에 제출 중인 예산을 수정할 필요가 있을 때 예산안을 변경

③ 추가경정예산 : 예산 성립 후에 생긴 사유로 인하여 이미 성립된 예산을 변경

   ㉠ 특징

      ⓐ 정부는 국회에서 추가경정예산안이 확정되기 전에 미리 배정하거나 집행할 수 없음

      ⓑ 예산단일성 및 한정성 원칙의 예외

      ⓒ 추가경정예산은 본예산과 별개로 성립되지만 일단 성립되면 별도로 운영되지 않고 본예산과 통합되어 전체로서 집행

   ㉡ 편성요건

      ⓐ 전쟁이나 대규모 자연재해가 발생한 경우

      ⓑ 경기침체·대량실업 등 대내외 여건에 중대한 변화가 발생하였거나 발생할 우려가 있는 경우

      ⓒ 법령에 따라 국가가 지급하여야 하는 지출이 발생하거나 증가하는 경우

(3) 예산이 회계연도 개시 전까지 성립되지 못한 경우의 예산

종류	기간	국회의결	지출항목	채택 국가
준예산	제한 없음	불필요	한정적	한국(사용한적 없음), 독일
잠정예산	제한 없음	필요	전반적	영국, 캐나다, 일본
가예산	최초 1개월	필요	전반적	프랑스, 한국 제1공화국

> **참고** **준예산의 적용 경비**
> ① 헌법과 법률에 의해 설치된 기관의 운영비
> ② 법률상 지출의무가 있는 경비
> ③ 이미 예산으로 승인된 사업의 계속비

(4) 통합예산

① 통합예산은 일반회계, 특별회계, 기금 및 세입세출외 자금까지 모두 포함하는 정부의 재정활동으로 이를 체계적으로 분류하여 표시함으로써 재정이 국민경제에 미치는 효과를 파악하고자 하는 예산제도(금융공공부문 – 금융성 공공기관, 금융성 기금 제외)
② 특징
  ㉠ 모든 정부활동을 포괄적으로 포함
  ㉡ 재정통계이므로 현금주의로 작성
  ㉢ 통합재정은 내부거래(중복분)와 보전거래를 차감하는 예산순계형식
  ㉣ 보전재원(차입금, 국공채 발행, 차관수입)의 명시

(5) 기타 예산

① 조세지출예산 : 조세감면의 구체적 내역(비과세, 면세, 소득공제 등)을 예산구조를 통해 밝힌것, 조세지출(조세감면)은 보조금과 동일한 경제적 효과를 갖는 것, 형식은 조세지만 실질은 지출, 간접지출, 지속성과 경직성이 강함(법률을 근거)
② 지출통제예산 : 예산총액만 통제하고 구체적인 지출에 대해서는 집행부에 맡기는 성과지향적 예산제도(총괄배정예산제도, 운영예산제도)
③ 성인지예산(남녀평등예산) : 예산이 여성과 남성에게 미치는 영향이 다르다고 보고, 세입·세출에 있어서 남녀평등을 구현하려는 성인지 예산으로 기획재정부장관이 여성가족부장관과 협의하여 제시한 기준 및 방식에 따라 각 중앙관서의 장이 작성함
④ 자본예산 : 경상지출과 자본지출로 구분하고, 경상지출은 경상수입에 의하여 충당하여 균형이 되어야 하나, 자본지출은 공채의 발행에 의하여 충당하는 복식예산 → 스웨덴이 시초

자본예산의 정당화 근거	단점
• 불경기의 극복수단 • 국가순자산상태의 변동파악 가능 • 수익자부담의 원칙 구현(세대 간 형평 실현) • 장기적 재정계획 수립용이	• 정치적 이용(적자재정 은폐수단) • 인플레이션 조장의 우려 • 공공사업에의 치중 • 선심성 사업 남발

(1) 의의

국가의 세입·세출을 일정 기준에 다라 유형별로 구분함으로써 편성·심의·집행·결산에 필요한 정보를 제공하기 위한 것

(2) 예산의 분류방식과 초점

분류방식	초점	특징
품목별 분류	무엇을 구입하느라 지출했는가?	회계책임 명확, 통제
기능별 분류	정부가 무슨 일에 얼마나 지출했는가?	시민을 위한 분류(회계책임 불분명)
조직별 분류	누가 얼마나 지출했는가?	예산심의, 회계책임확보 용이
경제성질별 분류	국민경제에 어떤 영향을 주도록 지출했는가?	정책결정에 필요한 정보제공

> **참고 예산분류 기준의 쟁점**
>
> ① 총괄예산에 가장 적합한 분류 : 기능별 분류, 조직별 분류
> ② 국회의 예산심의가 가장 용이한 분류 : 조직별 분류, 기능별 분류
> ③ 회계책임 확보 및 재정통제가 용이한 분류 : 품목별 분류, 조직별 분류
> ④ 다른 분류기법과 병행되어야 하는 분류 : 품목별 분류, 경제성질별 분류

(3) 예산과목체계

	입법과목(이용대상 – 국회사전의결)				행정과목(전용대상 – 국회사전의결×)	
세입예산	소관		관	항		목
세출예산	소관	장(기능)	관(기관)	항	세항(단위사업)	목(품목)

테마 06 ▶ 예산편성 – 행정부제출예산제도

(1) 예산편성의 구성

예산총칙, 세입·세출 예산, 계속비, 명시이월비, 국고채무부담행위

(2) 예산편성절차

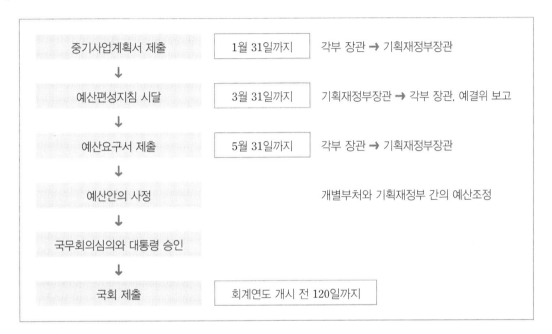

중기사업계획서 제출	1월 31일까지	각부 장관 ➜ 기획재정부장관
예산편성지침 시달	3월 31일까지	기획재정부장관 ➜ 각부 장관, 예결위 보고
예산요구서 제출	5월 31일까지	각부 장관 ➜ 기획재정부장관
예산안의 사정		개별부처와 기획재정부 간의 예산조정
국무회의심의와 대통령 승인		
국회 제출	회계연도 개시 전 120일까지	

테마 07 ▶ 예산심의 – 입법부

(1) 예산심의절차

① 국정감사·시정연설 ➜ ② 상임위원회의 예비심사 ➜ ③ 예산결산특별위원회의 종합심사(계수조정소위원회의 계수조정이 예산심의의 핵심) ➜ ④ 본회의 의결(회계연도 개시 30일 전까지)

(2) 우리나라 예산심의의 특징

① 예산은 법률의 형식이 아니라 의결의 형식(대통령의 거부권행사 불가, 공포불필요)
② 국회는 정부의 동의 없이 증액이나 새 비목을 설치 불가(예산안의 삭감·폐지는 가능)
③ 예산결산특별위원회는 핵심적 역할을 수행하지만, 위원들의 전문성 부족(위원임기 1년), 예산결산특별위원회의 활동기한 없음(연중활동)
④ 위원회 중심의 예산심의로 본회의는 형식성이 강함

(1) 예산통제

① 예산의 배정과 재배정, ② 계약 등 지출원인행위 통제, ③ 기록 및 보고제도, ④ 국고채무 부담행위의 통제, ⑤ 정원과 보수에 대한 통제, ⑥ 감사원의 회계감사, ⑦ 총사업비 관리(사업기간이 2년 이상으로 총사업비가 토목사업은 500억 이상, 건축사업은 200억 이상인 사업을 대상), ⑧ 예비타당성조사(총사업비 500억 이상의 신규사업 중 국가의 재정지원 300억 이상 사업)

    ㉠ 경제성 분석과 정책성 분석

        ⓐ 경제성 분석 : 비용편익비율, 민감도 분석, 순현재가치, 내부수익률 등을 분석

        ⓑ 정책성 분석 : 지역경제의 파급효과, 균형발전을 위한 낙후도 평가, 환경 영향 등을 분석

    ㉡ 예비타당성조사와 타당성조사의 비교

	예비타당성조사	타당성조사
주체	기획재정부	주무사업부
조사의 초점	경제적 측면, 정책적 측면	기술적 측면
조사기간	단기(수개월)	장기(3~4년)
특징	사전적·개략적	사후적·세부적

(2) 예산의 신축성 유지

① 예산의 이용(입법과목인 장·관·항간 상호 융통, 국회 사전의결)과 전용(행정과목인 세항·목간 상호 융통, 기획재정부장관의 승인필요)

② 예산의 이체 : 정부조직변경에 따른 예산의 책임소관을 변경(국회 사전의결×)

③ 예비비 : 예측할 수 없는 예산외 지출 또는 예산초과지출에 충당하기 위해 일반회계 예산총액의 100분의 1이내의 금액을 예산에 계상한 자금(국회에서 부결된 용도, 국회 개회 중 거액의 지출, 예산 성립 전 존재하던 사태, 공무원보수인상을 위한 인건비 충당에 사용불가), 관리주체 – 기재부장관, 예비비설치는 사전의결, 지출은 사후승인

④ 명시이월(미리 국회의 의결을 얻어 다음 연도에 사용)과 사고이월(한번 사고이월한 금액을 재차 사고이월 금지)

⑤ 계속비 : 완성에 수년도(5년 이내, 예외로 10년 이내 가능)를 요하는 공사나 제조 및 연구개발 사업의 예산

⑥ 국고채무 부담행위 : '법률에 의한 것과 세출예산금액, 계속비의 총액의 범위내의 것' 이외에 국가가 채무를 부담하는 행위

    ㉠ 국회로부터 채무부담 권한만을 미리 인정받은 것(지출권한 인정×)

    ㉡ 실제 지출을 위해서는 다음년도 세출 예산에 계상하여 국회 의결

⑦ 수입대체경비 : 지출이 직접 수입을 수반하는 경비(여권발급경비, 대학입시경비)

> **참고** **수입과 지출의 특례**
> - 수입의 특례 – 과년도 수입, 수입금의 환급, 수입대체경비, 지출금의 반납
> - 지출의 특례 – 선금급과 개산급, 회계연도 개시 전 자금교부, 관서운영경비, 지난 연도 지출

테마 09 ▶ 결산과 회계검사

(1) 결산 – 국가의 수입·지출의 결과를 확정적 계수로 표시

① 정치적 성격 : 위법 또는 부당한 지출이 지적되어도 무효·취소하는 법적 효력 없음

② 결산절차 : 결산작성(행정부) ➡ 결산의 검사 및 확인(감사원) ➡ 결산심사·승인(국회)

결산절차	해당기관	활동내용
출납사무완결	각 중앙관서(2월 10일)	세입·세출 출납사무의 완결
결산서의 작성·제출	각 중앙관서의 장 ➡ 기획재정부장관(2월 말일)	중앙관서의 결산보고서 등 작성·제출
	기획재정부장관 ➡ 감사원(4월 10일)	국가결산보고서 등 작성·제출
결산서 검사 및 송부	감사원 ➡ 기획재정부장관(5월 20일)	결산 확인 후 검사보고서 송부
국가결산보고서 제출	정부 ➡ 국회(5월 31일)	감사원의 검사를 거친 국가결산보고서 제출
결산심사	국회(정기국회 개회 전)	① 상임위원회의 결산 예비심사 ➡ ② 예결위 종합심사 ➡ ③ 본회의 의결

(2) 감사원

지위		대통령 직속기관(직무상 독립), 합의제 기관 / 헌법기관
조직		감사원장 포함 5–11인(감사원법상 7인), 임기 4년 / 1차에 한해 중임가능
기능	회계검사	• 필요적 검사사항 : 국가와 자치단체, 한은, 1/2이상 출자법인 • 선택적 검사사항 : 감사원이 필요하다고 인정한 때, 국무총리 요구 시
	결산확인	결산확인은 감사원, 결산심사는 국회
	직무감찰	행정기관의 사무와 그 소속 공무원·준공무원(국회·사법부 등 제외)

▶ 회계검사와 직무감찰의 차이

구분	회계검사	직무감찰
목적	입법부의 재정통제	공무원들의 비위에 대한 규찰
지위	헌법기관	비 헌법기관
대상	국가의 예산을 사용하는 기관	행정부 내부의 각 기관

정부회계제도 - 현금주의와 발생주의

	현금주의(단식부기)	발생주의(복식부기)
특징	① 현금의 수납사실을 기준으로 회계계리 ② 단식부기 적용	① 자산의 변동·증감의 발생사실에 따라 회계계리 ② 복식부기(기업회계방식) 적용

적용 대상	① 사업적 성격이 없는 일반행정부문에 적용 :
	  일반회계
	② 정부특별회계의 일부(기타 특별회계)
		① 정부기업예산법이 적용되는 4대 기업특별회계
		  와 책임운영기관특별회계
		② 정부기금

장점	① 객관적 회계처리 ② 외형적 수지균형 확보가 용이 ③ 현금 흐름에 대한 재정 영향 파악이 용이	① 비용·수익, 자산·부채 등 다양한 정보제공으로 사업성과 파악이 용이 ② 부채규모 파악으로 재정 건전성 확보 가능 ③ 자기검증기능 확보
단점	① 부채파악이 곤란 ② 경영성과 측정이 곤란 ③ 거래의 실질 등 미반영	① 채권·채무판단 및 감가상각 등에 있어 자의성이 개입될 여지가 있음 ② 절차가 복잡하여 작성비용이 많이 듬

▶ 회계기준상 재무제표

국가	지방
• 재정상태표 • 재정운영표 • 순자산변동표	• 재정상태표 • 재정운영표 • 순자산변동표 • 현금흐름표

▶ 차변과 대변 구성요소

차변	대변
자산의 증가	자산의 감소
부채의 감소	부채의 증가
자본의 감소	자본의 증가
비용의 발생	수익의 발생

▶ 집중구매의 장·단점

장점	단점
㉠ 대량구매를 통한 예산절감(경제성 확보) ㉡ 구매행정의 전문화 ㉢ 구매물품 및 절차의 표준화 ㉣ 긴급수요나 예상외의 수요에 신속한 대응	㉠ 구매절차의 복잡화로 인해 행정비용 증가 ㉡ 신속한 구매 및 적기공급 곤란 ㉢ 특수품목 구입에 불리 ㉣ 부처의 실정반영 곤란

테마 11 ▶ 예산유형과 예산결정이론

(1) A. Wildavsky의 예산유형

구 분	풍부한 경제력	부족한 경제력
높은 예측력	• 점증적 예산(미국 연방정부)	• 양입제출적(세입) 예산(미국의 지방정부)
낮은 예측력	• 보충적 예산(중동 산유국)	• 반복적 예산(후진국)

(2) 예산결정이론

① 총체주의(합리주의)

재원배분의 문제를 해결하기 위해 모형을 구상하고 이에 기초하여 최적의 해결방안을 모색한다.

여기에서 경제학에 기초한 계량분석 모형과 대안평가에서 기회비용 기준을 사용한다.

② 점증주의 − 윌다브스키(Wildavsky)

예산결정은 전체적인 혹은 종합적인 관점이 아니라 각 이해집단 간 정치적 상호작용을 통한 최적의 의사결정을 도모하는 방식이다.

③ 공공선택이론 − 니스카넨(Niskanen)

개인의 이익극대화를 추구하는 합리적 경제인에 초점을 두고 정부의 예산과정을 개인의 선호·의도·선택에 기초하여 설명한다.

④ 다중합리성이론(과정론적 접근) − 서메이어(Thumaire)와 윌로비(Willougby)

예산과정에서 관료들의 의사결정은 예산과정의 다양한 시점별로 각기 다른 합리성 기준이 적용되는 다중적 결정으로 구성된다고 보는 이론이다.

⑤ 모호성 이론 − 밀러(Miller)

계층제적 위계질서가 없고, 여러 독립적인 조직들이 느슨하게 연결되어 있는 조직에서의 예산결정은 해결해야 할 문제, 해결책, 선택기회, 참여자 등의 요소가 우연히 서로 결합될 때 이루어진다고 보는 이론이다.

⑥ 단절적 균형이론 − 바움가트너(Baumgartner)와 존스(Jones)

정책이나 예산은 안정(균형)을 유지하다가 단절적 변화가 발생하고, 이후 새롭게 도입된 정책이나 예산으로 다시 안정(균형)이 유지된다고 보는 이론이다.

합리주의(총체주의)	점증주의
① 경제적(완전한) 합리성 추구	① 정치적(제한된) 합리성 추구
② 모든 대안을 총체적으로 분석	② 한정된 수의 대안만 제한적 분석
③ 목표·수단 구분접근법	③ 목표·수단분석 미실시
④ 개혁적·합리적 형태	④ 보수적·선례답습적
⑤ 대폭적 예산 증감	⑤ 부분적·소폭적 예산 증감
⑥ 계획예산, 영기준예산	⑥ 품목별예산, 성과주의예산
⑦ 거시적·하향적 결정	⑦ 미시적·상향적 결정
⑧ 연역적 이론 구성	⑧ 귀납적 이론 구성

(1) 품목별 예산제도(LIBS) : 투입중심의 예산, 1920~1930

정부활동을 위한 투입물·품목(인건비·물건비 등)별로 편성 ➡ 지출대상별 명확한 한계 규정으로 관료권한을 제한하는 통제지향

장 점	단 점
① 회계책임성 확보	① 지출의 목적·사업의 성과평가 곤란
② 예산심의·통제용이	② 예산운영의 경직성 초래
③ 인사행정에 유용한 정보제공	③ 정부활동의 파악 곤란
④ 재정민주주의 확립	④ 합법성 위주의 재정운영 : 번문욕례초래

(2) 성과주의 예산제도(PBS) : 활동·산출중심의 예산, Truman대통령

사업의 목적과 목표에 대한 기술 하에 정부의 세부사업별로 업무측정단위(성과단위)를 선정하여 업무량(업무측정단위의 수량) × 단위원가＝예산액 ➡ 관리지향(세부사업·활동의 결과인 성과에 근거하여 관리의 효율화수단으로 예산을 활용)

장 점	단 점
① 의회와 국민의 이해증진	① 총괄계정이 곤란
② 재정사업의 투명성 제고	② 업무측정단위선정, 단위원가 계산이 곤란
③ 합리적 자금배분	③ 회계책임 확보곤란 : 재정통제 저해
④ 예산집행의 신축성 확보	④ 사업의 우선순위 파악 곤란

(3) 계획예산제도(PPBS) : 계획과 예산의 연계, Johson대통령

① '장기계획수립(Planning) ➡ 프로그램작성(Programming) ➡ 예산편성(Budgeting)의 단계'를 거쳐, 자원배분의 합리성을 실현

② Program structure의 작성, 사업범주(Program category)−하위사업(Sub−category) − 사업요소(Program element) : 다년도에 걸친 장기계획수립과 상위목표의 정확한 파악하에, 목표달성을 위한 대안에 대한 체계적 검토와 B/C 분석에 의해, 최적 대안선택 ➡ 최적 대안에 대해 예산을 배정, 최종목표의 달성도인 효과를 성과로 평가 ➡ 자원배분의 합리화

장 점	단 점
① 자원배분의 합리성 제고	① 중앙집권화의 초래(하향적 의사결정)
② 최고관리층의 관리수단	② 의회지위의 약화 가능성
③ 체제적 관점 : 조직의 통합적 운영	③ 명확한 목표설정의 곤란
④ 장기사업 중심의 예산	④ 계량화작업의 곤란과 문서의 과다

(4) 영기준 예산제도(ZBB) : 감축지향, Carter대통령

① 개별 의사결정단위(사업, 조직 등)를 선정 ➜ ② 의사결정단위별로 활동수준(감소수준, 현수준, 증가수준)에 따른 의사결정 Package 작성 ➜ ③ B/C분석에 의해 의사결정 대안에 대한 우선순위 부여 ➜ 이러한 우선순위결정과정이 상향적으로 반복되면서, 최종적 우선순위결정에 따라 실행예산의 편성 ➜ 자원난 시대에 비효율적 사업과 정책의 감축실현

장 점	단 점
① 재정운영의 효율성 제고	① 예산의 정치적 성격 불고려
② 분권적 예산결정 : 관리자의 참여확대	② 기득권자의 저항과 소규모조직의 희생
③ 합리적 예산결정	③ 시간과 노력의 과다요구
④ 예산팽창 억제	④ 장기적 시각의 결여

② 일몰법과 ZBB의 관계

비교기준		일몰법	영기준예산제도
차이점	성격	법률	예산제도
	과정	예산심의·통제를 위한 입법과정	예산편성에 관련된 행정과정
	주기	3∼7년의 장기	매년
	심사범위	최상위 정책	모든 정책
공통점		① 모든 사업의 지속여부를 결정하기 위한 재심사 ② 자원의 합리적 배분과 감축관리의 일환	

▶ PPBS와 ZBB의 비교

PPBS	ZBB
① 정책적인 면 강조와 장기적인 계획중시	① 사업지향적이며 감축관리적 측면, 평가·환류중시
② 중앙집권적 결정, 최고관리층의 관리도구	② 분권적 결정, 중간관리층의 관리도구
③ 개방체제	③ 폐쇄체제
④ 5년	④ 1년
⑤ 점증형과 합리형의 중간형	⑤ 기존 프로그램의 계속적인 재평가에 관심
⑥ 프로그램 중시, 조직간 장벽타파	⑥ 완전한 합리적·포괄적 접근법
⑦ 거시적·하향적	⑦ 미시적·상향적

(5) 신성과주의 예산(총괄배정예산, 지출통제예산, 결과중심예산, 1990년대 OECD국가)

① 국정전반의 성과관리체계와 예산의 연계
② 자율적·신축적 예산운영과 성과책임의 조화

국가재정법체계의 4대 재정개혁

4대 재무행정제도의 의의

종래의 단년도·통제·투입중심의 예산체계를 중장기·자율·성과 중심의 예산체계로 개편하기 위하여 ① 국가재정운용계획 ② 예산총액배분 자율편성제도(Top-down 제도) ③ 성과관리제도 ④ 디지털예산회계시스템 구축

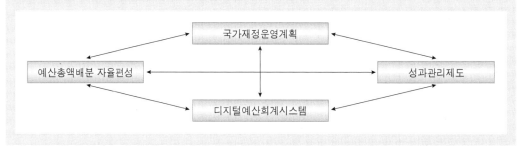

1. 국가재정운용계획

(1) 국가재정운용계획의 개요

기획재정부장관이 작성하여 국회에 제출되는 국가정책의 Vision과 재정투자계획을 제시하는 5년 단위의 중장기 계획으로, 단년도 예산편성 및 기금운영계획과 연계하고(지출한도 설정), 매년 수정·보완하여 (Rolling plan) 국가재정운용의 기본 틀로 활용되는 계획

(2) 국가재정운영계획의 특징

① 5년 단위의 국가재정운영(수입·지출)에 관한 계획의 수립과 국회제출 : 중장기적 시계에서 국가재원의 전략적 배분을 위해, 기획재정부장관은 매년 당해 회계연도부터 5회계연도 이상의 기간에 대한 국가재정운영계획을 수립하여 회계연도 개시 120일 전까지 예산안과 함께 국회에 제출

② 연동식 계획 : 매년 새로운 1년을 추가하고 지나간 1년을 삭제하여 5년의 계획기간이 계속 지속되는 연동식 계획(Rolling plan)

③ 국가재정운영계획의 포괄범위 : 국가재정의 전반적 규모와 구조의 정확한 파악, 재원배분과 재정수지의 전략적 운영을 위해, 일반회계, 특별회계, 기금을 포괄하는 '통합재정'을 기준으로 작성

④ 수록내용 : 재정운용의 기본방향과 목표, 중·장기 재정전망, 분야별 재원배분계획 및 투자방향, 조세부담률 전망 등 향후 5년간 각 분야의 정책방향과 재원투자 규모

⑤ 예산총액배분 자율편성제도(Top-down 제도)의 부처별지출한도로 활용 : 국가재정운용계획상의 분야별 투자규모는 Top-down 제도의 '부처별 지출한도'로 활용하여 단년도 예산편성 및 기금운용계획수립과 연계

2. 총액배분자율편성(Top-down) 예산제도

(1) 총액배분자율편성 예산제도의 개요

① 국가재정운용계획 작성 과정에서 국무위원 토론을 거쳐 정책우선순위와 분야별·부처별 예산의 총액 및 지출한도가 결정

② 각 부처는 주어진 지출한도 내에서 자율적으로 예산을 편성하되, 기획재정부가 부처 간 협의와 보완을 거쳐 정부예산안을 최종적으로 작성하는 제도

(2) 총액배분자율편성 예산제도의 효용성

① 분야별 지출규모가 국무위원 재원배분회의를 통해 국가적 정책 우선순위에 따라 배분되므로, 주요 국정 과제 사업의 안정적 추진 가능

② 각 부처는 지출한도 범위 내에서 자율적 사업추진 가능

③ 이해관계자의 의견을 반영하여 사전에 확정된 국가재정운용계획에 기초하여 단년도 예산을 편성하게 되므로, 국가정책의 투명성과 예측가능성 제고

④ 주어진 지출한도 범위 내에서 각 부처가 자율적으로 예산을 편성하게 됨에 따라 예산을 과도하게 요구할 유인이 사라져 예산과다요구·중앙예산기관의 대폭삭감이라는 악순환 관행 개선

⑤ 일반회계·특별회계·기금을 포괄한 통합재정을 기준으로 한 국가재정운용계획의 수립과 지출한도 설정으로, 각 부처가 특별회계, 기금 등 칸막이 식 재원을 확보하려고 애쓰게 하는 유인을 축소

3. 성과관리제도

(1) 성과관리제도의 개요

성과관리제도란 ① 재정사업으로 달성하고자 하는 목표와 성과지표를 사전에 설정하고, ② 사업시행결과를 성과지표에 의해 평가하여 그 결과를 재정운영에 환류하는 제도이다 → 예산총액배분 자율편성(Top-down)제도의 도입으로 각 부처의 예산편성 자율권이 대폭 확대됨에 따라, 이에 상응하여 재정집행에 대한 부처의 책임성을 제고하기 위한 제도

(2) 성과관리 과정

성과관리는 「예산편성 - 예산집행 - 결산」의 예산주기와 결합되어, 3년을 주기로 하여 「성과계획 수립(성과계획서 작성) - 당해 연도 사업집행 - 성과측정·평가(성과보고서 작성)」의 과정으로 이루어진다.

① 성과계획 수립 : 각 부처가 기관전체 업무를 대상으로 목표체계(미션 → 전략목표 → 성과목표 → 사업)와 이에 상응하는 성과지표를 구축하는 것

② 성과측정·평가, 환류 : 성과지표에 근거한 성과평가와 성과보고서 작성, 그리고 성과결과의 환류가 이루어짐

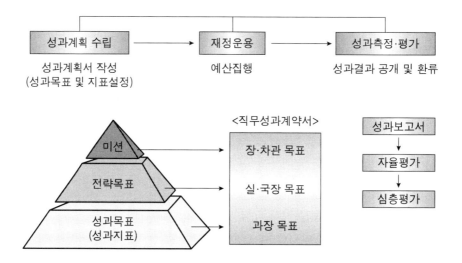

(3) 성과관리의 체계 : 성과지표의 설정과 성과평가

① 성과지표의 유형

    ㉠ 투입지표(예산집행률)

    ㉡ 과정·활동지표(건설공정률, 시기별 계획대비 집행실적)

    ㉢ 산출지표(직업훈련수련생 수와 같은 재화와 서비스의 양적 측면에 관한 것)

    ㉣ 결과지표(직업훈련을 통한 재취업 비율과 같이 산출보다 상위의 개념으로 질적 측면)

② 성과평가시스템 : 균형성과표(BSC)

    ㉠ 개념 : BSC(Balanced Score Card)란 Kaplan과 Norton에 의해 개발된 것으로, 조직의 목표와 성과를 ⓐ 재무, ⓑ고객, ⓒ내부 프로세스, ⓓ학습 및 성장 등의 4가지 관점에서 균형 있게 평가하는 새로운 전략적 성과평가시스템

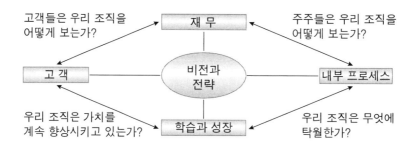

ⓛ 4대 관점의 특성과 성과지표

관점	특성	지표
재무적 관점	민간부문에서 중시하는 전통적인 후행(과거)지표	매출, 자본수익률, 예산대비차이 등
고객 관점	공공부문이 중시하는 대외적 지표	고객만족도, 정책순응도, 민원인의 불만율, 신규 고객의 증감 등
내부프로세스(절차) 관점	업무처리과정 중심 지표	의사결정과정에의 시민참여, 적법절차, 조직 내 커뮤니케이션(소통) 구조, 공개 등
학습과 성장 관점	미래적 관점의 선행지표로 인적자원의 역량, 지식의 축적 등과 관련	학습동아리 수, 내부제안 건수, 직무만족도 등

4. 디지털 예산회계시스템 : 프로그램 예산제도 도입

(1) 개요

중앙정부·지방정부, 정부산하기관, 공기업 등 전 공공부문을 대상으로, 세입징수부터 예산편성·집행·결산·평가에 이르기까지 재정의 모든 과정을 실시간으로 분석하여 필요한 정보를 제공할 수 있는 '통합재정정보시스템'

(2) 디지털 예산회계시스템의 내용

① 재정통계의 작성 범위를 공공부문 전체로 확대

② 현재의 품목별예산체계를 '성과관리가 가능한 Program 예산체계'로 개편(성과중심형 예산시스템)

③ 기업과 같은 발생주의·복식부기 회계제도 도입(성과관리가 가능한 회계시스템)

④ IT를 바탕으로 공공부문을 포괄하는 통합재정정보시스템

(3) 프로그램 예산제도(사업별 예산제도)

① 의의 : 프로그램 예산(Program Budgeting)이란 예산의 편성·집행·결산 등 전 과정을 '프로그램'을 중심으로 구조화하여, 성과평가체계와 연계시켜 성과를 관리하는 예산기법이다. 여기서 프로그램이란, 동일한 정책목표를 달성하기 위한 단위사업의 묶음으로, 정책적으로 독립성을 지닌 최소단위

② 품목별예산과 프로그램 예산제도

	품목별 예산제도	프로그램 예산제도
기본 구조	품목중심(인건비, 물건비 등)	정책사업(정책수행의 최소단위)
관리 목적	투입관리와 통제중심	성과와 자율중심
성과 관리	구조적으로 곤란	용이(제도도입의 목적)

5. 국가재정법 제정으로 도입 변경된 주요 제도

(1) 국가재정운용계획의 수립

정부(기획재정부장관)는 재정운용의 효율화와 건전화를 위하여 매년 당해 연도를 포함한 5회계연도 이상의 기간에 대하여 국가재정운용계획을 수립하고, 회계연도개시 120일 전까지 국회에 제출하도록 함

(2) 예산 총액배분 자율편성(Top-down)제도 도입

예산안편성지침 및 기금운용계획안 작성지침에 중앙관서별 지출한도를 포함하여 통보

(3) 성과중심의 재정운영

① 중앙관서의 장은 재정활동의 성과관리체계를 구축하여 예산요구서 또는 기금운용계획안을 제출하는 경우 성과계획서 제출, 기획재정부는 각 부처의 성과계획서(예산 및 기금)를 취합하여 정부예산안 및 기금운용계획안 첨부서류로 국회에 제출

② 중앙관서의 장은 결산보고서 제출 시, 예산 및 기금의 성과보고서를 기획재정부장관에게 함께 제출, 감사원은 결산검사보고서 송부 시, 예산 및 기금의 성과검사보고서를 기획재정부장관에게 함께 송부, 기획재정부장관은 각 부처의 성과보고서를 취합하여 결산첨부서류로 국회에 제출

(4) 특별회계 및 기금의 확대에 대한 통제

① 특별회계 및 기금의 신설에 대한 타당성 심사

② 특별회계 및 기금의 통합·폐지 : 설치목적을 달성한 경우, 설치목적의 달성이 불가능하다고 판단되는 경우, 상호간에 유사하거나 중복 설치된 경우, 기타 재정운용의 효율성 및 투명성을 높이기 위해 일반회계로 통합 운용하는 것이 바람직하다고 판단되는 경우에는, 특별회계나 기금을 폐지 하거나 다른 특별회계 또는 기금과 통합

(5) 회계 및 기금 간 여유재원의 신축적인 운용

국가재정의 효율적인 운용을 위하여 회계 및 기금 간 여유재원의 전출입을 허용하되, 그 내용을 예산안 또는 기금운용계획안에 반영하여 국회에 제출

(6) 성인지(性認知) 예산

성인지 관점에서의 재정운용 원칙(예산이 성별에 미치는 효과를 평가하고 그 결과를 정부예산에 반영)을 명시하고, 성인지 예산서 및 성인지 결산서를 작성하여 국회에 제출하도록 의무화

(7) 예비비의 계상 한도

사용목적이 지정되지 않은 일반예비비의 규모를 일반회계 예산총액의 1% 이내로 하여 그 한도를 설정하고, 이를 공무원의 보수 인상을 위한 인건비 충당에 사용할 수 없도록 함

(8) 조세지출예산서의 도입

조세감면(조세지출·숨겨진 보조금) 등의 재정지원의 추정금액을 기능별·세목별로 작성한 조세지출예산서를 예산안과 함께 국회에 제출

(9) 국가채무관리계획의 국회 제출

국가채무에 대한 체계적인 관리를 위하여 기획재정부장관으로 하여금 매년 국채·차입금의 상환실적 및 상환계획, 채무의 증감에 대한 전망 등을 포함하는 국가채무관리계획을 수립하여 회계연도 120일 전까지 국회에 제출

(10) 총사업비관리제도 및 예비타당성조사 등의 도입

대규모사업에 대한 총사업비관리제도를 도입하여 각 중앙관서의 장으로 하여금 그 사업규모·총사업비 및 사업기간에 대하여 미리 기획재정부장관과 협의하도록 하고, 기획재정부장관은 대규모사업에 대하여 예비타당성조사를 실시하고, 그 총사업비가 일정 규모 이상 증가하는 경우 타당성 재조사를 실시

(11) 예산총계주의 원칙의 예외

① 현물출자
② 외국차관의 전대(전대차관)
③ 수입대체경비

(12) 결산의 국회 조기제출

예·결산 분리 심의를 위하여 회계연도 개시 120일 전(9월 2일)까지 국회에 제출하던 결산을 5월 31일까지 제출

(13) 기금운용계획의 변경 가능 범위

기금운용계획변경 시 국회에 제출하지 아니하고 자율적으로 변경할 수 있는 주요항목 지출금액의 범위를 비금융성기금은 20% 이하로, 금융성기금은 30% 이하로 축소

(14) 세계잉여금을 국가 채무상환에 우선 사용

세입세출의 결산상 잉여금(일반회계, 특별회계가 포함되고 기금은 제외) 중 이월액을 공제한 금액인 세계잉여금의 사용 순서를 지방교부세 및 지방교육재정교부금의 정산, 공적자금상환기금에의 출연, 국가 채무상환, 추가경정예산의 편성 순으로 하고, 사용 시기는 정부 결산에 대한 대통령의 승인(국회승인×) 이후로 정함

(15) 불법 재정지출에 대한 국민감시제도의 도입

예산 및 기금의 불법지출에 대하여 일반 국민들이 집행에 책임 있는 중앙관서의 장 또는 기금관리주체에게 시정을 요구할 수 있도록 하고, 시정요구에 대한 처리결과 예산절약 등에 기여한 경우 시정요구를 한 자에게 예산성과금을 지급할 수 있도록 함

(16) 국민참여예산제도 도입

중앙정부 예산편성과정에 국민이 참여하는 국민참여예산제도가 국가재정법 개정으로 2019년 예산부터 처음 적용되었음

블루행정학
합격 서브노트

PUBLIC
ADMINISTRATION

제 **06** 장

환류론

테마 01 행정책임

(1) 행정책임의 특성

① 공무원이 도덕적·법률적 규범에 따라 행동해야 할 의무(과정책임)를 전제
② 일정한 재량권의 여지가 있을 때 발생
③ 주로 행동의 결과에 대해 발생하고(결과책임)

→ 민주주의 행정실현, 행정기능의 확대와 재량증대, 행정의 전문화·기술화, 전통적인 행정책임확보를 위한 공식적 외부통제의 실효성 약화에 따라 강조

(2) 행정책임의 종류

① 제도적 책임성·객관적 책임성(Accountability) : 관료자신의 외부(입법부·사법부·국민과 공익, 법령)에 대해 지는 '공식적 책임 및 법적 책임' → (Finer의 외재적 책임)
② 자율적 책임성·주관적 책임성(Responsibility) : 관료들이 스스로 내면의 가치와 기준에 따라, 자발적으로 책임감을 느끼고 행동 → (Friedrich의 내재적 책임성)

제도적 책임성(Accountability)	자율적 책임성(Responsibility)
• 공무원 외부로부터 부과되는 기준(공식적인 각종 제도적 통제)에 따라 국민의 요구를 충족시켜 주기 위해 행동하여야 할 의무 • 외재적·타율적·수동적·객관적 책임	• 공무원 내부의 도덕적 가치와 기준에 따라 행동하여야 할 의무 • 전문가로서의 직업윤리와 책임감에 기초해서 적극적·자발적 재량을 발휘 • 공무원 스스로 국민들의 요구와 기대를 정확하게 인식해서 이에 능동적으로 대응 • 내재적·자율적·능동적·주관적·대응적 책임

(3) Dubnick과 Romzek의 행정책임의 유형

		기관통제의 원천	
		내부적인 통제원천	외부적인 통제원천
통제의 정도	높은 통제수준 (낮은 자율성)	관료적(위계적) 책임	법률적 책임
	낮은 통제수준 (높은 자율성)	전문가적 책임	정치적 책임

테마 02 행정통제의 유형

(1) 행정통제의 유형

	외부통제	내부통제(현대행정국가에서 강조)
공식통제	① 입법부에 의한 통제 ② 사법부에 의한 통제 ③ 옴부즈만에 의한 통제	① 계층제를 통한 통제 ② 감사원에 의한 감찰 통제 ③ 국민권익위원회에 의한 통제 ④ 정부업무평가에 의한 통제 ⑤ 국무조정실에 의한 평가
비공식통제	① 민중통제(NGO, 이익단체) ② 여론과 매스컴에 의한 통제 ③ 정당에 의한 통제	① 행정윤리의 확립을 통한 통제 ② 공무원단체를 통한 통제 ③ 대표관료제 확립을 통한 통제

(2) 외부통제

① 입법통제 : 의회가 법률제정, 예산심의, 국정감사, 임명동의 등을 통해 행정을 통제하는 것

② 사법통제 : 국민이 행정에 의하여 위법하게 권익이 침해당한 경우, 법원이 이를 구제하거나 행정명령·처분·규칙의 위헌·위법 여부를 심사함으로써 행정을 통제하는 것

③ 민중통제 : 선거 및 투표, 여론의 형성, 언론의 역할, 이익집단의 활동, 정당의 활동, 시민단체의 활동과 시민참여를 통해 행정을 통제하는 것

④ 옴부즈만에 의한 통제 : 국회를 통해 임명된 조사관(옴부즈만)이 공무원의 권력남용을 조사하고, 감시하는 행정통제제도

(3) 내부통제

① 행정수반에 의한 통제 : **대통령**에 의한 통제

② 정책 및 기획통제 : 국무회의(주요 정책 심의), 차관회의(조정 및 협의) 등에 의한 통제

③ 운영통제(관리통제) : 국무조정실(정부업무평가, 직무감찰 등)에 의한 통제

④ 교차기능조직(기획재정부, 인사혁신처, 법제처)에 의한 통제

⑤ 감사원에 의한 통제 : 회계검사 및 직무감찰 등으로 통제

⑥ 계층제적 통제 : 수직적 명령복종관계를 전제로 상관이 부하를 통제

⑦ 행정윤리의 확립 : 의식개혁을 통한 자율적 통제

⑧ 대표관료제 : 각 사회계층에 대한 정책적 책임

⑨ 공무원 노조 : 공직부조리 추방운동, 정실인사 비판 등

(4) 옴부즈만제도

① 개념 : 옴부즈만은 호민관 또는 행정감찰관을 의미하며, 공무원의 위법·부당한 행위로 말미암아 권리의 침해를 받은 시민이 제기하는 민원과 불평을 조사하여 관계기관에 시정을 권고함으로써 시민의 권리를 구제하는 제도(1809년 스웨덴에서 시작)

② 옴부즈만의 특징

　㉠ 구성 – 직무수행의 독립과 정치적 중립성 : 입법부소속이지만, 정치적·기능적으로 독립성 지님

　㉡ 위상 – 헌법상 독립기관이며 강력한 임기보장

　㉢ 통제 – 간접통제 : 행정결정을 취소·변경할 수 있는 권한은 없음

　㉣ 조사 권한 – 신청조사와 직권조사 : 시민의 신청에 의한 조사가 원칙, 직권조사가능

　㉤ 절차와 비용 – 신속한 처리와 저렴한 비용

　㉥ 영역 – 고발행위의 다양성 : 합법성, 합목적성에 문제가 있는 행정행위가 조사대상

(5) 국민권익위원회(우리나라의 옴부즈만제도)

① 국무총리소속하에 설치된 법률기관(독립통제기관)

② 고충민원의 제기라는 신청에 의한 조사만 가능(직권조사는 불가)

③ 고충민원의 조사결과 위법·부당한 처분에 대한 시정조치권고, 제도에 대한 시정조치권고만 가능(행정작용에 대한 취소, 변경이나 감사권 없음)

④ 위법·부당한 행정처분은 물론 접수거부·처리지연 등 소극적인 행정행위 및 불합리한 제도 등도 관할대상

⑤ 접수된 고충민원은 60일 이내 처리해야 함

▶ 스웨덴의 옴부즈만과 우리나라 국민권익위원회의 비교

	옴부즈만	국민권익위원회
차이점	헌법상 기관(공식적·외부통제장치)	법률상 기관(공식적·내부통제장치)
	입법부 소속	행정부(국무총리) 소속
	독임형	위원회형 (위원장과 부위원장은 국무총리의 제청으로 대통령이 임명)
	신청에 의한 조사 외에 직권조사권 있음	신청에 의한 조사(직권조사권 없음)
	행정부외에 입법부·사법부에 대한 통제도 가능	행정부 내부의 통제만 가능
공통점	① 합법성 외에 합목적성 차원의 조사가 가능 ② 무효로 하거나 취소할 수 있는 권한은 없음(간접적 권한 보유 – 시정권고)	

(6) 민원사무처리제도

① 의의 : 민원사무처리에 관한 기본적인 사항을 규정하여 민원사무의 공정한 처리와 민원행정제도의 합리적 개선을 도모하여 국민의 권익을 보호하기 위한 것(민원사무처리에 관한 법률)

② 민원인의 정의 : 행정기관에 대하여 처분 등 특정한 행위를 요구하는 개인·법인 또는 단체

> | 참고 | **다음 경우에는 '민원인'으로 보지 아니 한다.** |
> |---|---|
>
> 1. 행정기관에 특정한 행위를 요구하는 행정기관 또는 공공단체(행정기관이 사경제의 주체로서 요구하는 경우 제외)
> 2. 행정기관과 사법(私法)상의 계약관계에 있는 자로서 계약관계와 직접 관련하여 행정기관에 특정한 행위를 요구하는 자
> 3. 행정기관에 특정한 행위를 요구하는 자로서 성명·주소 등이 분명하지 아니한 자

③ 종류
　　㉠ 법정민원 : 관계법령에서 정한 일정 요건에 따라 인가·허가·승인·특허·면허 등을 신청하거나 장부·대장 등에 등록·등재를 신청 또는 신고하거나 특정한 사실 또는 법률관계에 관한 확인 또는 증명을 신청하는 민원
　　㉡ 질의민원 : 행정업무에 관하여 행정기관의 설명이나 해석을 요구하는 민원
　　㉢ 건의민원 : 행정제도 및 운영의 개선을 요구하는 민원
　　㉣ 고충민원 : 행정기관 등의 위법·부당하거나 소극적인 처분 및 불합리한 행정제도로 인하여 국민의 권리를 침해하거나 국민에게 불편 또는 부담을 주는 사항에 관한 민원
　　㉤ 복합민원 : 하나의 민원 목적을 실현하기 위하여 관계법령 등에 따라 여러 관계 기관 또는 부서의 인가·허가·승인·추천·협의 또는 확인 등을 거쳐 처리되는 법정 민원
　　㉥ 다수인관련민원 : 5세대(世帶) 이상의 공동이해와 관련되어 5명 이상이 연명으로 제출하는 민원

④ 민원사무처리의 원칙
　　㉠ 민원신청 문서의 원칙　　　　　　㉡ 민원신청 접수거부 금지의 원칙
　　㉢ 민원사무 우선처리의 원칙　　　　㉣ 민원사무편람 비치
　　㉤ 민원1회 방문처리의 원칙　　　　㉥ 민원후견인제
　　㉦ 민원사무처리기준표의 통합고시　　㉧ 처리결과의 통지
　　㉨ 복합민원 일괄처리　　　　　　　㉩ 사전심사 청구제

테마 03 행정개혁의 접근방법

(1) 구조적 접근방법

조직구조의 변경과 규모축소(Restructuring), 원리전략과 분권화전략

(2) 과정적(관리·기술적) 접근방법

관리방식의 변화 → BPR(업무과정혁신) 또는 PAPR(행정업무과정혁신) : 행정업무과정에 전자문서관리시스템(EDMS)나 전자결재 등과 같은 정보기술(IT)의 도입을 통해, 조직 내 과정이나 업무의 흐름 개선을 통해 행정개혁을 추구하는 기술적·과정적 접근방법

(3) 행태적 접근방법

조직발전(OD), 인간중심적(Y이론) 접근방법 → 감수성 훈련(실험실 훈련) : 소수인원으로 구성된 집단을 대상으로 인위적인 상황(실험실 상황)하에서 실시하는 훈련으로, 타인들과의 상호교류과정에서 스스로의 태도와 행동을 반성하고 자신의 행동이 다른 사람들에게 미치는 영향을 검토하도록 하여 대인관계에 대한 이해와 감수성을 높이려는 훈련

테마 04 행정개혁의 저항과 극복전략

(1) 저항의 원인

① 기득권의 침해
② 개혁의 내용의 불명확성
③ 개혁대상자의 능력부족
④ 관료제의 경직성과 보수적 경향

(2) 저항의 극복전략

① 규범적·사회적 전략 – 참여의 확대, 의사소통의 촉진
② 공리적·기술적 전략 – 개혁의 점진적 추진, 적절한 시기의 선택
③ 강제적·물리적 전략

테마 05 정보화 사회

(1) 산업사회와 정보화 사회의 특징

구 분	산업사회(대량생산체제)	정보사회(탈대량생산체제)
기호화 방식	아날로그(연속적)	디지털(불연속적)
핵심기술	증기기관(힘과 에너지), 경성적 기술	컴퓨터(기억, 계산, 통제), 하이테크·하이터치
커뮤니케이션	매스미디어를 중심으로 한 대중관계 (One to many)	컴퓨터와 통신을 중심으로 한 다중쌍방향관계 (Many to many)
조직구조	수직적 위계구조(Hierarchy)	수평적 네트워크 구조(Horizontal network)
생산력	물질생산력	정보생산력
경제구조	제조업 중심의 상품경제	정보산업 중심의 시너지 경제
특징 (Toffler)	규격화, 분업화, 동시화, 집중화, 극대화, 중앙 집권화	다양화, 업무의 통합, 차별화, 분산화, 적정화, 지방분권화
정치형태	의회민주주의	참여민주주의, 전자민주주의

(2) 정보화가 행정에 미친 영향

① 조직구조 : 계층제의 완화, 수평적 상호작용의 증가
② 권력관계 : 집권화, 분권화
③ 행정관리 : 재택근무, 탄력시간제 등 유연하고 가족친화적인 근무제도 활성화
④ 행정서비스 : 행정전산화에 따라 서비스가 신속하게 이루어지고 서비스를 기다리는 대기 비용도 감소되며 행정기관간의 네트워크형성은 서비스의 동시화·광역화가 가능

(3) 정보화의 역기능

① 조직구성원에 대한 통제와 인간소외
② 국민의 사생활 침해 우려
③ 조직단위·지역·개인 간의 정보 불균형
④ 컴퓨터 범죄와 정보 왜곡

(1) 전자정부의 의의

① 개념 : 정보기술의 활용하여 행정기관 및 공공기관의 업무를 전자화하여 행정기관 및 공공기관 상호 간의 행정업무 및 국민에 대한 행정업무를 효율적으로 수행하는 정부

② 특성 : 신속·정확한 대국민 서비스 제공, IT를 활용한 정부업무 효율화, 업무처리 절차 재설계를 통한 정부혁신 촉진, 보편적 서비스 확대·제공을 통한 사회적 형평성 제고, 생산성 향상을 통한 국가경쟁력 제고

구 분	정 의	초 점	이념(기반)
능률형 전자정부	작고 효율적인 정부	• 국가 경쟁력과 정부 효율성 중시 • 공급자 중심/통제 지향	정부개입주의
서비스형 전자정부	고객지향적 열린 정부	• 정부 효율성과 서비스 질 중시 • 수요자 지향	시장주의
민주형 전자정부	투명하고 열린 정부	• 참여와 신뢰성·투명성 중시 • 전자민주주의 지향	파트너십

(2) 전자정부운영의 원칙

① 대민서비스의 전자화 및 국민편익의 증진   ② 행정업무의 혁신 및 생산성·효율성의 향상

③ 정보시스템의 안전성·신뢰성의 확보   ④ 개인정보 및 사생활의 보호

⑤ 행정정보의 공개 및 공동이용의 확대   ⑥ 중복투자의 방지 및 상호 운용성 증진

⑦ 정보기술아키텍처를 기반으로 하는 전자정부 구현·운영   ⑧ 행정기관확인의 원칙

(3) 전자정부의 비전(정부혁신의 관점)

① 종이 없는 사무실 : 비용을 절감하고, 생산성이 제고되는 효율적 정부 – 전자문서관리시(EDMS), 전자결제, 행정DB 구축과 행정정보 공동 활용, 화상회의 등을 통한 행정업무 재설계(BPR)

② 민원편의가 극대화되는 열린 정부 ; 민주적 정부 – One·Non Stop Service Government

③ 지식정부 : 정부내 지식(Nonaka의 암묵지와 형식지)의 '창출−축적−공유−활용·학습'이라는 지식활동이 원활히 이루어져 정책결정 역량이 높아지는 정부

참고   **전자정부의 역기능**

① 인포데믹스(Infordemics) : 정보 확산으로 인한 부작용으로 뜬소문이 덧붙여진 부정확한 정보가 인터넷이나 휴대전화를 통해 전염병처럼 빠르게 전파됨으로써 개인의 사생활 침해는 물론 경제, 정치, 안보 등에 치명적인 영향을 미치는 것을 의미

② 집단극화 : 집단의 의사결정이 개인의 의사결정보다 더 극단적인 방향으로 이행하는 현상

③ 정보격차 : 정보접근과 정보이용이 가능한 자와 그렇지 못한 자 사이에 경제적· 사회적 격차가 심화되는 현상을 의미

④ 선택적 정보접촉 : 정보의 범람 속에서 유리한 정보만을 선별적으로 취하는 행태

▶ 우리나라 전자행정서비스

① G2G(Government to Government)

정부기관 간의 차원으로 각종 행정정보의 공유, 전자결재, 문서의 전자유통 등을 통하여 문서 없는 행정을 실현함으로써 효율성 극대화 – 디지털예산회계시스템, 온−나라시스템(범정부표준업무관리시스템)

② G2C 또는 G4C(Government to/Citizen)

정부의 대시민서비스 차원으로 민원처리의 온라인화, 주민등록·자동차·부동산 등 국가 주요 민원정보 데이터베이스의 공동활용체제의 구축으로 국민편의 제공 – 정부 24시, 국민신문고, 복지로, 홈택스

③ G2B(Government to Business)

정부의 대기업서비스 차원으로 정부와 기업 간 전자상거래방식의 적용 및 확산, 조달업무의 전자적 처리등을 통하여 효율성과 투명성을 향상 – 전자조달 나라장터, 전자통관시스템

(4) 지능형 전자정부

① 개념 : 인공지능, 빅데이터, 사물인터넷 등 지능정보기술을 활용하여 국민 중심으로 정부서비스를 최적화하고 스스로 일하는 방식을 혁신하며, 국민과 함께 국정 운영을 실현함으로써 안전하고 편안한 상생의 사회를 만드는 디지털 신정부

② 4대 목표

ⓐ 마음을 보살피는 정부   ⓑ 사전에 해결하는 정부

ⓒ 가치를 공유하는 정부   ⓓ 안전을 지켜주는 정부

③ 기존정부와 지능형 전자정부의 비교

유형	기존 전자정부	지능형 전자정부
정책결정	• 정부 주도	• 국민 주도
행정업무	• 국민/공무원 문제 제기 ➡ 개선 • 현장 행정 : 단순업무 처리 중심	• 문제 자동인지 ➡ 스스로 대안제시 ➡ 개선 • 현장 행정 : 복합문제 해결 가능
서비스 목표	• 양적·효율적 서비스 제공	• 질적·공감적 서비스 공동생산
서비스 내용	• 생애주기별 맞춤형	• 일상틈새＋생애주기별 비서형
서비스 전달방식	• 온라인＋모바일 채널	• 수요 기반 온·오프라인 멀티채널

> 참고   1. 전자정부 기본계획 – 중앙사무관장기관의 장(행정안전부장관)이 5년 마다 수립
>   2. 지능정보사회 종합계획 – 과학기술정보통신부장관이 3년 마다 수립

(5) 4차 산업혁명

① 의의 : 3차산업혁명(지식·정보혁명)을 기반으로 물리적·가상적·생물학적 영역의 융합을 통해 사이버 물리 시스템(Cyber-Physical Sysrem)을 구축하는 것으로 슈밥(K.Schwab)에 의하여 처음 사용

② 특징

　　㉠ 초연결성 : 사람 – 사람, 사물 – 사물, 사람 – 사물 등 인간생활의 모든 영역을 연결(사물인터넷)

　　㉡ 초지능성 : 방대한 빅데이터 분석으로 인간생활의 패턴 파악, 맞춤형서비스제공

　　㉢ 초예측성 : 초연결성·초지능성을 토대로 미래를 정확히 예측

　　㉣ 의사결정의 분권화 촉진 : 정보 및 분석기술의 발달

　　㉤ 시민참여의 확대 : 직접민주주의 가능성제고

참고	**빅데이터 · 사이버 물리 시스템 · 유비쿼터스**

① 빅데이터 : 빅데이터는 기존의 기업환경에서 사용되는 '정형화된 데이터'는 물론 메타 정보와 센서 데이터, 공정제어 데어터 등 미처 활용하지 못하고 있는 '반정형화된 데이터', 여기에 사진과 이미지와 같은 멀티미디어 데이터인 '비정형 데이터'를 모두 포함하며 ㉠ 크기 ㉡ 다양성 ㉢ 속도 ㉣ 가치와 복잡성 등의 특징을 지닌다.

② 사이버 물리 시스템(Cyber-physical system) : 물리적인 실제의 시스템과 사이버공간의 소프트웨어 및 주변 환경을 실시간으로 통합하는 시스템

③ 유비쿼터스(Ubiqutous) : 컴퓨터, 전자장비, 센서·칩 등의 전자공간이 종이, 사람, 집 및 자동차 등의 물리적 장소에 네트워크로 통합되어 사용자가 언제, 어디서, 어떠한 기기든지 상관없이 네트워크에 접속할 수 있는 차세대 정보통신환경을 의미하며, 개개인의 수요에 맞는 맞춤형 서비스를 제공한다.

▶ 전자정부와 유비쿼터스정부의 비교

구분	전자정부	유비쿼터스 정부
개념	유선인터넷을 기반으로 가상적 전자공간 (1.0 전자정부)	인터넷기반 온라인에 의한 가상공간을 뛰어 넘어 무선·모바일 등 물리적·현실공간에까지 확대시킨 차세대 전자정부 내지는 웹(Web) 2.0 또는 3.0시대의 미래형 전자정부
기술적인 측면	초고속 정보통신망과 네트워크 인터넷 기술이 기반	브로드밴드(광대역 초고속 인터넷서비스)와 무선 & 모바일 네트워크, 센싱, 칩, 기반
서비스 전달 측면	신속·투명한 서비스 제공 ➡ 기계 중심. 일방향 정보제공	지능적인 업무수행과 개개인의 수요에 맞는 맞춤형 정보서비스 제공 ➡ 인간 중심. 양방향 정보제공
업무방식의 측면	신속성·투명성·효율성·민주성	고객지향성·지능성·형평성·실시간성

(6) 지식관리

① 개념 : 조직이 지니는 지적 자산뿐 아니라 구성원의 지식과 노하우를 발굴하여 조직 내부의 보편적인 지식으로 공유하고, 활용을 통해 조직 전체의 경쟁력을 향상시키는 관리기법
② 목표
  ㉠ 재사용 가능한 지식의 적시 제공을 통한 업무생산성 향상
  ㉡ 부가가치창출 잠재력을 가진 지식 축적에 따른 조직 역량 강화
  ㉢ 마케팅이나 영업 등과 관련된 전략정보의 제공에 따른 조직 역량 강화
  ㉣ 축적된 지식을 바탕으로 한 고품질 서비스 제공에 따른 조직경쟁력 강화
③ 기존 행정관리와 지식관리

구 분	관료제하의 기존 행정관리	지식정부하의 지식관리
구성원 능력	구성원의 기량과 경험이 일과성으로 소모	개인의 전문적 자질 향상
지식 공유	조직 내 정보 및 지식의 분절, 파편화	공유를 통한 지식가치 향상 및 확대재생산
지식 소유	지식의 개인 사유화	지식의 공동재산화
지식 활용	정보·지식의 중복 활용	정보·지식의 공유 활용을 통한 조직의 업무능력 향상
조직 성격	계층제적 조직	학습조직 기반 구축

참고 **정보화 관련 용어**

① 행정정보 : 행정기관 등이 직무상 작성하거나 취득하여 관리하고 있는 자료로서 전자적 방식으로 처리되어 부호, 문자, 음성, 음향, 영상 등
② 정보기술 아키텍처 : 일정한 기준과 절차에 따라 업무, 응용, 데이터, 기술, 보안 등 조직 전체의 구성요소들을 통합적으로 분석한 뒤 이들 간의 관계를 구조적으로 정리한 체제 및 이를 바탕으로 정보화 등을 통하여 구성요소들을 최적화하기 위한 방법
③ 정보시스템 : 정보의 수집·가공·저장·검색·송신·수신 및 그 활용과 관련되는 기기와 소프트웨어의 조직화된 체계
④ 정보자원 : 행정기관 등이 보유하고 있는 행정정보, 전자적 수단에 의하여 행정정보의 수집·가공·검색을 하기 쉽게 구축한 정보시스템, 정보기술, 정보화예산 및 정보화인력 등
⑤ 블록체인 : 거래정보의 기록을 중앙집중화된 서버나 관리 기능에 의존하지 않고, 분산 원장(Distributed ledger)을 기반으로 모든 참여자에게 분산된 형태로 배분함으로써, 데이터 관리의 탈집중화된 환경을 제공하는 기술

블루행정학
합격 서브노트

제 **07** 장

지방행정론

테마 01 지방자치

(1) 의의

① 개념 : 지방자치란 일정한 지역의 주민들이 지방자치단체를 형성하여 그 지역의 문제를 스스로 또는 대표 기관을 통하여 처리하는 활동과정을 의미

② 지방자치의 3요소

    ㉠ 구역 : 지방정부의 자치권이 일반적으로 미치는 지역적 범위

    ㉡ 주민 : 참정권을 행사하고 자치비용을 부담하는 인적 구성요소

    ㉢ 자치권 : 지역사무를 자주적으로 처리하기 위한 자주적인 통치권

(2) 지방자치의 필요성

정치적 필요성	행정적 필요성	사회·경제적 필요성
㉠ 민주주의 실천원리 ㉡ 민주주의의 학교 ㉢ 전제정치에 대한 방어기능 ㉣ 정국혼란 방지 ㉤ 대의민주주의의 한계극복	㉠ 주민참여를 통한 행정통제와 민주화 촉진 ㉡ 지역적 실험을 통한 다양한 정책경험 ㉢ 중앙과 지방의 기능적 분업을 통한 능률향상 ㉣ 지역실정에 적합한 행정의 구현	㉠ 실질적인 경제·사회개발의 촉진 ㉡ 지역주민의 자주의식함양 ㉢ 사회계층 간 갈등해소 ㉣ 다원적 사회의 형성

(3) 지방자치의 유형 – 주민자치와 단체자치

① 주민자치(영미형)

    ㉠ 개념 : 주민이 그 지역과 관련된 공공 분야의 일을 스스로 결정하고 처리하는 것을 의미

    ㉡ 영미형의 지방자치는 주민참여에 초점이 있는 정치적 의미의 지방자치

② 단체자치(대륙형)

    ㉠ 개념 : 국가 내부에 별도의 공공단체가 국가로부터 일정한 권한과 재원을 넘겨받아 자율적으로 사무를 처리하는 것을 의미

    ㉡ 대륙형의 단체자치는 중앙정부와 자치단체 간의 자치권 배분(분권)에 초점이 있는 법률적 의미의 지방 자치

③ 지방자치의 유형 – 주민자치와 단체자치

	주민 자치	단체 자치
자치의 의미	정치적 의미의 자치	법률적 의미의 자치
이념	민주주의	지방분권
자치권 인정의 주체	주민	중앙정부(국가)
자치권의 인식	자연법상의 천부적 권리 (고유권설)	실정법상 국가에 의해 주어진 권리 (전래권설)
자치권의 중점	지방자치단체와 주민과의 관계 (주민에 의한 행정)	지방자치단체와 국가와의 관계 (자치단체에 의한 행정)
자치권의 범위	광범위함	협소함
권한부여 방식	개별적 지정주의	포괄적 수권주의
중앙통제의 방식	입법통제, 사법통제	행정통제
지방정부의 형태	기관통합형(의원내각제식)	기관대립형(대통령제식)
사무구분	자치사무와 국가위임사무 비구분 (위임사무 부존재)	자치사무와 국가위임사무 구분
자치단체의 지위	순수한 자치단체	이중적 지위(자치단체＋일선기관)
조세제도	독립세(자치단체가 과세주체)	부가세(국가가 과세주체)
주요 국가	영국, 미국 등	독일, 프랑스 등 대륙계 국가

테마 02 신중앙집권과 신지방분권화

(1) 신중앙집권화

① 20C 행정국가화 현상과 행정의 광역화에 따른, 지방행정의 민주성과 능률성을 동시에 확보하기 위한 새로운 협력관계

② 기술적·지식적·협동적 집권 ➡ 비권력적 중앙통제의 강화(권력은 분산되나, 기술과 지식은 집중)

(2) 신지방분권화

① 1980년대 들어 세계화와 신자유주의의 영향아래, 국가의 역할을 국방·외교 등과 같은 외치에 국한하고 기타 내치에 관한 권한은 지방에 완전히 이양하려는 움직임 ➡ 레이건 정부의 신연방주의, 영국의 Next Step

② 시민적 자유회복을 위해 이루어진 절대적·항거적·소극적 지방분권(근대적 지방분권)과 달리, 중앙정부에 대한 지방정부의 상대적·참여적·협력적·적극적인 분권

▶ 중앙집권·지방분권의 역사적 전개

구 분	16~18C	19C	20C	1980~
국가성격	절대군주국가	근대입법국가	행정국가	신행정국가
집권과 분권	중앙집권	지방분권	신중앙집권	신지방분권
이념적 배경	중상주의(개입주의)	자유방임주의	케인즈 경제학	신자유주의

> **참고** **중앙집권과 지방분권의 측정지표**
>
> ① 특별지방행정관서의 종류와 수 : 그 수가 많으면 중앙집권적
> ② 고유사무와 위임사무의 구성 비율 : 위임사무의 비중이 많으면 중앙집권적
>
> ➡ 단체위임사무와 기관위임사무의 구성 비율, 지방자치단체의 기관구성형태는 집권과 분권의 측정지표에 해당하지 않음

▶ 지방분권추진기구(대통령직속)의 변천

정부	근거 법률	추진기구
김대중	중앙행정권한의 지방이양촉진법	지방이양추진위원회
노무현	지방분권특별법	정부혁신지방분권위
이명박	지방분권촉진에 관한 특별법	지방분권촉진위원회
박근혜	지방분권 및 지방행정체제개편에 관한 특별법	지방자치발전위원회
문재인	지방자치분권 및 지방행정체제개편에 관한 특별법	자치분권위원회
윤석렬	지방자치분권 및 지역균형발전에 관한 특별법	지방시대위원회

테마 03 ▶ 지방자치단체

(1) 지방자치단체의 종류

① 일반지방자치단체

  ㉠ 광역자치단체(17개) : 특별시, 광역시, 도, 제주특별자치도(제주시, 서귀포시 – 행정시), 세종특별자치시

  ㉡ 기초자치단체(226개) : 시, 군, 자치구(인구 50만명 이상의 시에 설치된 구는 행정구)

  ㉢ 지방자치단체 관할구역의 경계변경 : 지방자치단체의 장은 행정안전부장관에게 경계 변경에 대한 조정을 신청할 수 있다. 이 경우 지방의회 재적의원 과반수 출석과 출석의원 2/3 이상의 동의를 요함

▶ 지방자치단체의 계층구조

구분	단층제	중층제
장점	① 이중행정과 이중감독 및 그로 인한 행정지연과 낭비를 방지 ② 행정의 책임소재 명확화 ③ 기초자치단체의 자치권이나 지역의 특수성 및 개별성 존중	① 광역적 사무의 원활한 수행이 가능 ② 광역단체가 기초단체의 능력과 기능을 보완, 기초자치단체간의 갈등을 조정 ③ 광역단체가 기초단체에 대한 국가의 감독기능의 유지할 수 있음
단점	① 광역사업의 처리 곤란 ② 지방자치단체간의 분쟁발생시 조정 곤란 ③ 중앙집권화 야기	① 행정의 중첩현상으로 낭비와 지연 ② 행정 책임의 불분명 ③ 중앙정부와 주민간의 의사소통 왜곡

② 지방자치단체조합

  ㉠ 의의 : 2개 이상의 지방자치단체가 하나 또는 둘 이상의 사무를 공동으로 처리하기 위하여 지방자치단체 간의 합의로써 설립된 법인

  ㉡ 조합은 법인이므로 관련 자치단체와는 별개의 권리주체이다. 따라서 조합의 명의로 공동사무를 처리할 수 있으며, 행안부장관의 승인 하에 지방채를 발행할 수 있고, 자체직원을 둘 수 있다.

  ㉢ 조합의 구성원은 주민이 아니고 자치단체이므로 주민에 대한 과세권은 없다.

③ 특별지방자치단체

  ㉠ 개념 : 2개 이상의 지방자치단체가 공동으로 특정한 목적을 위하여 광역적 사무를 처리할 필요가 있을 때 법인으로 설치한 자치단체

  ㉡ 지방의회 : 특별지방자치단체의 의회는 규약으로 정하는 바에 따라 구성 자치단체의 의회의원으로 구성한다(구성 자치단체 의회 의원이 특별자치단체의 의회 의원을 겸함).

  ㉢ 집행기관 : 특별지방자치단체의 장은 규약으로 정하는 바에 따라 특별자치단체의 의회에서 선출하며, 구성 자치단체의 장은 특별자치단체의 장을 겸할 수 있다.

  ㉣ 구역 : 구성 자치단체의 구역을 합한 것으로 한다(사무가 구역의 일부에만 관계되는 경우에는 일부만을 구역으로 할 수 있음).

▶ 지방자치단체조합와 특별지방자치단체의 비교

구분	지방자치단체조합	특별지방자치단체
설립목적/사례	2개 이상의 지방자치단체가 구성원이 되어 공동사무처리(지리산권 관광개발조합)	2개 이상의 지방자치단체가 공동으로 광역적 사무를 처리(부울경 특별연합)
조례제정권	조례제정권 없음	조례제정권 있음(자치권 부여)
의결기관	의결기관은 조합회의	의결기관은 특별지방자치단체의회
설립절차	설치 시 시·도지사 혹은 행안부장관 승인 필요	설치 시 행안부장관 승인 필요
주민참여제도	주민참여제도 없음	조례제·개정 시 주민참여
사무	위임사무 없음	국가 또는 시·도사무 위임 수행 가능

▶ 주민자치위원회와 주민자치회의 비교

구분	주민자치위원회	주민자치회
법적 근거	지방자치법 및 관련 조례	지방자치법 및 관련 조례
위상	읍·면·동 자문기구	주민자치 협의·실행기구
위촉권자	읍·면·동장	시·군·구청장
대표성	지역유지 중심, 대표성 미약	주민 대표성 확보
기능	주민자치센터 프로그램 운영 및 심의	주민자치사무, 협의 및 자문사무, 지방자치단체가 위임·위탁하는 사무처리
재정	읍·면·동사무소 지원 외에 별도 재원 거의 없음	자체재원(회비, 수익사업수익, 사용료 등), 기부금 등 다양
지방자치단체와의 관계	읍·면·동 주도로 운영	대등한 협력관계

테마 04 자치권

(1) 자치입법권 : 조례와 규칙

① 조례
  ㉠ 개념 : 자치의회가 법령의 범위 안에서 제정하는 자치법규
  ㉡ 조례제정의 범위 : 지방자치단체의 권한에 속하는 사무(자치사무와 단체위임사무)에 관하여 ➡ 기관위임사무는 지방자치단체의 사무가 아님
  ㉢ 조례제정절차 : 조례는 법령의 범위 안에서만 지방의회 의결로 제정(의결 후 5일 이내 단체장에게 이송 ➡ 20일 이내 재의요구 ➡ 재적의원1/2, 출석의원2/3 찬성으로 재의결 ➡ 재의결사항에 대해 20일 이내 대법원에 제소)
  ㉣ 조례위반행위에 대한 통제 : 자치단체는 조례를 위반한 행위에 대하여 조례로써 1천만원 이하의 과태료를 정할 수 있음
  ㉤ 법령에서 조례로 정하도록 위임한 사항에 대해 법령의 하위법령에서 위임내용·범위를 제한하거나 직접 규정하지 못하도록 규정
② 규칙
  ㉠ 개념 : 지방자치단체장이 법령(조례)이 위임한 범위 내에서 그 권한에 속하는 사항에 대하여 제정하는 자치법규
  ㉡ 제정의 범위 : 자치사무와 단체위임사무, 기관위임사무에 관하여 규정 가능
  ㉢ 한계 : 조례와 달리 벌칙은 제정할 수 없으며, 위임이 없는 한 주민의 권리제한이나 의무부과를 규정할 수 없음
③ 조례와 규칙의 관계
  ㉠ 조례와 규칙은 형식상 동등하나, 공동으로 적용되거나 상호 충돌할 때에는 조례가 우선
  ㉡ 조례와 규칙의 비교

구분	조례	규칙
제 정	지방의회	지방자치단체장
사 무	자치사무＋단체위임사무	자치사무＋단체위임사무＋기관위임사무
범 위	법령의 범위 내에서 제정	법령이나 조례가 위임하는 범위에서 제정
벌 칙	규정 가능	규정 불가

(2) 자치재정권

(3) 자치행정권

(4) 자치조직권

테마 05 주민참정제

(1) 주민참여의 기능과 한계

	기능	한계
정치적 기능	① 대의제의 보완과 민주주의의 유지·발전 ② 행정의 독선화 방지 및 책임성 확보 ③ 지방자치의 활성화	① 주민 간의 대립과 분열 ② 행정의 전문성저해 ③ 주민참여의 대표성결여 ④ 행정지체와 비능률 야기 ⑤ 책임전가
행정적 기능	① 주민요구에 적합한 서비스 제공 ② 행정에 대한 이해와 협력의 확보 ③ 정책집행의 순응성 제고 ④ 주민상호간의 이해 조정 및 분쟁해결	

> **참고** **Arnstein의 주민참여 8단계**
>
> ① 비참여 : 참여자를 교육시키거나 유도하는 데 목적
> ⓐ 조작(1단계), ⓑ 치료(2단계)
> ② 형식적(명목적) 참여 : 주민은 의견을 제시하고, 판단결정권은 지방자치단체에 유보
> ⓒ 정보제공(3단계), ⓓ 자문(상담 4단계), ⓔ 회유(설득 5단계)
> ③ 실질적 참여(주민권력) : 주민이 정책결정에 있어서 주도권을 획득한 상태
> ⓕ 공동협력(6단계), ⓖ 권한위임(7단계), ⓗ 주민통제(8단계)

(2) 주민투표제도

① 18세 이상의 주민과 18세 이상의 외국인, 지방자치단체의 폐치·분합 등 주민에게 중대한 영향을 미치는 주요 결정사항

② 주민투표의 예외사항

ㄱ 법령에 위반되거나 재판중인 사항

ㄴ 국가 또는 다른 지방자치단체의 권한 또는 사무에 속하는 사항

ㄷ 지방자치단체의 예산·회계·계약 및 재산관리에 관한 사항과 지방세·사용료·수수료·분담금 등 각종 공과금의 부과 또는 감면에 관한 사항

ㄹ 행정기구의 설치·변경에 관한 사항과 공무원의 인사·정원 등 신분과 보수에 관한 사항

ㅁ 주민대표가 직접 의사결정주체로서 참여할 수 있는 공공시설의 설치에 관한 사항

ㅂ 동일한 사항에 대하여 주민투표가 실시된 후 2년이 경과되지 아니한 사항

③ 주민, 지방의회의 청구나 단체장의 직권(지방의회 재적의원 과반수의 출석과 출석의원 과반수의 동의를 요함), 중앙행정기관 장의 청구에 의하여 실시(투표발의는 단체장)

④ 주민투표 결과의 확정은 주민투표권자 총수의 4분의 1 이상의 투표와 유효투표수 과반수의 득표, 확정된 사항은 2년 이내에는 변경불가

⑤ 무효판결이 확정된 때에는 그때부터 20일 이내에 재투표를 실시

(3) 조례의 제정·개폐청구권과 주민감사 청구제도

구분	조례제정·개폐청구권	주민감사청구권
주체	18세 이상의 주민	18세 이상의 주민
정족수	1. 특별시 및 인구 800만 이상의 광역시·도 : 청구권자 총수의 200분의 1 2. 인구 800만 미만의 광역시·도, 특별자치시, 특별자치도 및 인구 100만 이상의 시 : 청구권자 총수의 150분의 1 3. 인구 50만 이상 100만 미만의 시·군 및 자치구 : 청구권자 총수의 100분의 1 4. 인구 10만 이상 50만 미만의 시·군 및 자치구 : 청구권자 총수의 70분의 1 5. 인구 5만 이상 10만 미만의 시·군 및 자치구 : 청구권자 총수의 50분의 1 6. 인구 5만 미만의 시·군 및 자치구 : 청구권자 총수의 20분의 1	시·도는 300명, 50만 이상 대도시는 200명, 그 밖의 시·군 및 자치구는 150명을 초과하지 아니하는 범위 안에서 조례로 정함
청구대상	지방의회에 청구가능	광역 ➡ 주무부장관, 기초 ➡ 시·도지사
제외대상	① 법령에 위반하는 사항 ② 지방세·사용료·수수료·부담금의 부과·징수에 관한 사항 ③ 행정기구의 설치·변경에 관한 사항 또는 공공시설의 설치를 반대하는 사항	① 수사 또는 재판에 관여하게 되는 사항 ② 개인의 사생활 침해 우려가 있는 사항 ③ 다른 기관에서 감사하였거나 감사중인 사항 (새로운 사항이 발견된 경우는 가능) ④ 사무처리가 있었던 날이나 끝난 날 부터 3년이 지나면 제기할 수 없음

▶ 주민은 규칙의 제정, 개정 또는 폐지와 관련된 의견을 자치단체장에게 제출할 수 있다.

(4) 주민소송

① 요건
   ㉠ 주무부장관 또는 시·도지사가 감사청구를 수리한 날부터 60일을 경과하여도 감사를 종료하지 아니한 경우
   ㉡ 감사결과나 감사에 따른 조치에 불복이 있는 경우
   ㉢ 감사결과조치요구에 대해 자치단체의 장이 이행하지 않거나, 장의 이행조치에 불복이 있는 경우
② 소송 유형
   ㉠ 당해 행위를 계속할 경우 회복이 곤란한 손해를 발생시킬 우려가 있는 경우에는 당해 행위의 전부 또는 일부의 중지를 구하는 소송
   ㉡ 행정처분인 당해 행위의 취소 또는 변경을 구하거나 효력의 유무 또는 존재여부의 확인을 구하는 소송
   ㉢ 당해 지방자치단체의 장 및 직원, 지방의회 의원, 당해 행위와 관련이 있는 상대방에게 손해배상청구 또는 부당이득반환청구를 할 것을 요구하는 소송

(5) 주민소환제도

① 주민투표로 선출된 지방자치단체장과 교육감, 지방의원(비례대표의원 제외)이 부패나 비리에 연루될 경우 주민들이 소환투표를 진행해 퇴출시킬 수 있는 제도

② 주민소환투표는 전체유권자의 3분의 1이상이 투표에 참여해 과반수가 찬성하면 즉시 해임됨

③ 주민소환의 남용방지를 위해, 취임 1년 이내, 잔여임기 1년 이내, 동일 대상에 대해 1년 이내엔 소환불가

④ 주민소환 대상자는 소환투표 안 공고 때부터 투표결과 공표 때까지 권한행사가 정지됨

투표권자		• 19세 이상의 주민과 외국인
청구	시도지사	• 시·도지사 : 투표청구권자 총수의 10/100 이상
	기초 단체장	• 기초단체장 : 투표청구권자 총수의 15/100 이상
	의원	• 의회의원 : 투표청구권자 총수의 20/100 이상
청구제한기간		• 선출직 공직자의 임기 개시일부터 1년 이내 • 선출직 공직자의 임기 만료일부터 1년 미만 • 주민소환투표실시 1년 이내
실시		• 실시 : 공고일 부터 20~30일 범위 내에서 관할 선관위가 결정 • 형식 : 찬성/반대를 선택하는 형식으로 실시 • 권한행사 정지 : 주민소환투표안을 공고한 때부터 투표결과 공표 때까지
효력		• 확정 : 투표권자 1/3이상의 투표와 투표인 과반수의 득표로 확정 • 효력 : 주민소환이 확정된 때에는 결과가 공표된 시점부터 그 직을 상실

> **참고** **주민참정제 실시순서**
>
> 1. 조례제정·개폐청구제(1999년)
> 2. 주민감사청구제(2000년)
> 3. 주민투표제(2004년)
> 4. 주민소송제(2006년)
> 5. 주민소환제(2007년)
> 6. 주민참여예산제도(2011년 – 의무시행)

테마 06 ▶ 지방자치단체의 기관구성

1. 기관통합형

(1) 유형

① 영국의 의회형 : 지방의회가 정책을 결정하고 지방의회의 각 분과위원회가 소속공무원을 지휘하여 구체적인 집행을 수행하는 형태

② 미국의 위원회형 : 주민에 의해 선출된 위원들이 정책을 결정하고, 선출된 위원 중 1인이 시장으로 지명되고 다른 위원들 역시 그 시의 행정부서를 나누어 맡아 행정을 수행하는 형태

③ 프랑스의 의회의장형 : 지방의회 의장이 집행기관의 장을 겸하는 형태

④ 의회 – 시지배인형 : 의회가 선임한 시지배인이 실질적인 행정을 총괄한다. 시장은 의례적·명목적 기능만 수행하고 실질적으로는 의회가 임명한 전문행정관 즉, 시지배인이 의회가 결정한 정책을 책임지고 집행기능을 총괄하는 형태

(2) 장·단점

장점	① 지방행정의 권한과 책임이 의회에 집중되어 민주정치와 책임행정구현 용이 ② 갈등·대립의 소지가 없어 지방행정의 안정성과 능률성 확보 ③ 주민의 의사를 보다 정확하게 반영
단점	① 단일기관에 의한 권력행사로 견제와 균형의 상실로 권력남용 초래 ② 의원이 행정을 수행하므로 행정의 전문성을 저해할 가능성 ③ 단일의 지도자가 없어서 책임소재 불분명

2. 기관대립형

(1) 유형

① 집행기관 직선형 : 주민에 의해 선출된 시장과 의원들이 각각 집행기관과 의결기관을 맡아 상호견제에 의해 행정을 수행하는 형태

㉠ 강시장 – 의회형(우리나라)

㉡ 약시장 – 의회형

② 집행기관 간선형 : 시장을 지방의회가 선출하는 유형

③ 집행기관 임명형 : 시장을 의회나 국가가 임명하는 형태

(2) 장·단점

장점	① 의결기관과 집행기관을 다 같이 주민직선에 의하여 선출함으로써 실질적인 주민통제 가능하고 시장임기가 보장되어 강력한 행정시책을 추진 ② 행정부서 간 분파주의 극복을 통한 행정의 종합성 제고 ③ 견제와 균형의 원리에 입각하여 운영되기 때문에 권력의 전횡이나 부패를 방지하고 비판과 감시가 용이 ④ 집행전담기구를 통해 행정의 전문성제고
단점	① 자치단체장은 연임하기 위해서 인기에 영합하는 행정집행을 함으로써 행정의 능률성이나 공평성을 희생할 가능성이 높다 ② 반드시 행정능력을 갖춘 인사가 단체장으로 선출되는 것은 아니기에 효율적인 행정을 기대하기 곤란 ③ 의결기관과 집행기관 사이에 갈등이나 알력이 발생할 경우 지방행정의 마비를 초래할 우려

3. 지방의회

(1) 구성 : 지방의회의원(정무직 지방공무원), 의장단(불신임의결 : 재적의원 1/4이상의 발의와 재적의원 과반수이상의 찬성), 사무처(사무직원 임용권-의회 의장), 위원회(상임, 특별위원회), 윤리특별위원회 설치의무화(윤리심사자문위원회 설치), 정책지원 전문인력의 충원(의원정수의 1/2 범위 내), 지방의원의 겸직 대상을 명확하게 규정

(2) 권한

① 의결권 : 의장은 의결에서 표결권을 가지지만 찬성과 반대가 같은 경우 캐스팅 보트를 행사 못함(가부동수의 경우에는 부결), 표결방법(기록표결제도 원칙)

② 의결사항

㉠ 조례의 제정 및 개폐

㉡ 예산의 심의·확정

㉢ 결산의 승인

㉣ 대통령령으로 정하는 중요재산의 취득 · 처분

㉤ 대통령령으로 정하는 공공시설의 설치 · 처분

㉥ 기금의 설치·운용

㉦ 청원의 수리와 처리

㉧ 법령과 조례에 규정된 것을 제외한 예산외 의무부담이나 권리의 포기, 법령에 규정된 것을 제외한 사용료·수수료·분담금·지방세의 부과와 징수

㉨ 외국 지방자치단체와의 교류협력에 관한 사항

③ 행정사무감사 및 조사권

▶ 중앙정부예산과 지방정부예산의 비교

	중앙정부예산	지방정부예산
제출시한	회계연도 개시 120일전	광역 : 50일전, 기초 : 40일전
의결시한	회계연도 개시 30일전	광역 : 15일전, 기초 : 10일전

4. 집행기관

(1) 지방자치단체의 장

　① 임기와 신분: 임기 4년이며, 계속 3기 재임가능, 신분은 정무직 지방공무원

　② 권한

　　㉠ 일반적 권한 : 규칙제정권, 통할·대표권, 예산편성권, 관리·집행권, 소속직원에 대한 임면 및 지휘·감독권, 사무의 위임, 위탁권

　　㉡ 지방의회에 대한 권한 : 선결처분권, 지방의회 의결에 대한 재의요구 및 제소권

　　▶ 지방자치단체의 장 인수위원회설치 : 단체장 임기 시작일 이후 20일 범위

(2) 보조기관 : 부단체장

(3) 소속행정기관과 하부행정기관

　① 소속행정기관 : 직속기관(소방기관, 교육훈련기관, 보건진료기관, 시험연구기관 및 중소기업 지도기관), 사업소(행정기관, 소속직원은 공무원), 출장소, 합의제 행정기관

　② 하부행정기관 : 자치시가 아닌 시, 자치구가 아닌 구, 읍, 면, 동

참고　선결처분권과 재의요구 및 제소권

1. 선결처분권
　① 자치단체장은 지방의회가 성립되지 아니한 때와 의회를 소집할 시간적 여유가 없거나 의회에서의 의결이 지체될 때에는 일정한 사항에 대하여 선결처분을 할 수 있음
　② 일정한 사항이란 재해복구, 전염병의 예방 등 주민의 생명과 재산보호를 위하여 긴급하게 필요한 경우나 국가안보상 긴급한 지원이 필요한 사항
　③ 선결처분은 지방의회에 지체 없이 보고하고 승인을 얻어야 하며 승인을 얻지 못한 때에는 그 때부터 효력을 상실

2. 지방의회 의결에 대한 재의요구 및 제소권
　① 재의요구사항
　　㉠ 조례안에 이의가 있는 경우
　　㉡ 지방의회의 의결이 월권 또는 법령에 위반되거나 공익을 현저히 해한다고 인정되는 경우
　　㉢ 지방의회의 의결에 예산상 집행할수 없는 경비가 포함되어 있는 경우, 의무적 경비나 재해복구비를 삭감한 경우
　　㉣ 지방의회의 의결이 법령에 위반되거나 공익을 현저히 해한다고 판단되어 주무부장관 또는 시도지사가 재의요구를 지시한 경우
　② 재의결 시 대응 : 재의요구사항에 대하여 지방의회가 재적의원 과반수의 출석과 출석의원 2/3이상의 찬성으로 전과 같은 의결을 하면 그 의결 사항은 확정되는데, 이 경우 자치단체장은 재의결된 날로부터 20일 이내에 대법원에 소 제기

(1) 지방자치단체의 사무 종류

고유(자치)사무	단체위임사무	기관위임사무
자치단체가 스스로의 책임과 부담 하에 처리하는 주민의 공공복리에 관한 사무	국가 등의 사무가 법령에 의해 지방자치단체에게 위임된 사무(결정은 의회, 집행은 단체장)	국가 등의 사무가 자치단체의 장에게 위임된 사무(결정은 중앙정부, 집행은 지방정부)
자치단체의 자체재원(국가보조 가능)	국가의 사업비 일부보조(부담금)	전액 국가보조(교부금)
사후적·합법적 감독	사후적·합법적·합목적적 감독	사전적·적극적 감독
지방의회 관여 가능	지방의회 관여 가능	지방의회 관여 배제
상·하수도, 시장, 초등학교, 오물처리 및 청소, 도서관, 학교급식, 주민등록 사무 등	조세 등 공과금, 국도 유지·수선, 보건소 설치 및 운영, 예방접종사무, 생활보호 사무 등	병사사무, 대통령·국회의원 선거사무, 인구조사, 국세조사 등

(2) 사무배분의 원칙

① 사무배분의 일반적 원칙 : 현지성·보충성·종합성·경제성·비경합성의 원칙 등
  ㉠ 현지성의 원칙(기초자치단체 우선의 원칙) : 해당지역의 문제는 당해 지역의 주민과 자치단체에 의해 우선적으로 처리하되, 광역자치단체나 국가는 사후에 보충적으로 이를 담당해야한다는 보충성 원칙으로 표현되기도 함
  ㉡ 비경합성(책임명확화)의 원칙 : 사무의 처리와 소속의 책임을 명확히 하여 배분해야해야 함
  ㉢ 종합성 원칙 : 사무를 배분함에 있어서 관련된 일체의 사무를 배분해야 함
② 지방자치법상 사무배분의 원칙
  ㉠ 중복배분금지(불경합성)의 원칙   ㉡ 보충성의 원칙
  ㉢ 포괄적 배분(자기책임성)의 원칙   ㉣ 민간자율존중의 원칙

(3) 국가가 처리하여 할 사무

① 국가의 존립·유지에 필요한 사무(외교, 국방, 사법, 국세, 선거, 경찰 등)
② 전국적으로 통일적 처리를 요하는 사무(물가정책, 금융정책, 수출입정책 등)
③ 전국적 규모의 사무(농·축·수산물 및 양곡의 수급조절과 수출입 등)

(4) 광역과 기초자치단체의 사무(지방자치법 : 포괄적 예시주의)

① 시·도(광역자치단체)의 사무 : 보완, 연락, 조정, 지휘·조정
② 시·군·자치구 사무 : 시·도가 처리하는 것으로 되어 있는 사무를 제외한 사무
  다만, 인구 50만 이상의 시는 도가 처리하는 사무의 일부를 직접 처리

테마 08 교육자치와 자치경찰

1. 교육자치

(1) 의의

교육자치는 교육의 자주성과 전문성 및 지방교육의 특수성을 확보할 수 있도록 독자적 기관에 의한 자율과 책임 하에 교육관리가 이루어지는 제도

(2) 교육자치의 원리

① 지방분권의 원리

② 분리 · 독립의 원리

③ 전문적 관리의 원리

④ 주민에 의한 통제의 원리

(3) 유형

① 분리형(미국) : 교육자치조직을 일반자치조직과 별도로 설치하는 유형

② 통합형(영국) : 지방교육조직을 일반행정조직에 통합시켜 일반행정과 교육행정이 밀접한 관계를 가지고 수행되는 유형

③ 절충형(우리나라) : 자치단체의 의결기관은 하나이되, 집행기관은 일반집행기관인 자치단체의 장과 교육사무집행기관을 이원적으로 설치하는 유형

(4) 우리나라의 교육자치제 – 시·도 단위

① 지방교육자치기관 : 의결기관으로서 교육위원회와 집행기관으로서 교육감

② 교육감 : 임기 4년(계속 재임3기), 주민의 직접선거로 선출

③ 교육자치조직에 대한 주민통제 – 주민소환제 도입

2. 자치경찰제도

(1) 의의

국가경찰만으로 구성되어 있는 일원적 구조 하에서는 개인안전기능보다 사회안전기능을 중시하는 경향이 있다는 점에서 자치경찰제도의 인정에 대한 의의가 있다.

(2) 유형

① 국가경찰(대륙계) : 경찰기능을 국가가 수행하며 전국적으로 통일된 경찰행정을 수행

② 자치경찰(영미계) : 경찰기능을 지방자치단체가 수행하며 주민의 권리보호를 중심으로 하는 민생치안·생활치안을 수행

(3) 국가경찰제과 자치경찰제의 비교

구분	국가경찰제	자치경찰제
의의	국가가 설립·조직·관리하고 그 권한과 책임이 국가에 귀속되는 경찰형태	지방자치단체가 설립·조직·관리하고 그 권한과 책임이 지방자치단체에 귀속되는 경찰형태
수단	권력적 명령·강제가 주된 수단	권력적 명령·강제보다는 비권력적 수단 중시
장점	① 국가권력을 배경으로 보다 강력한 집행력 행사가 가능 ② 조직의 통일적 운영 ③ 타 행정부문과 협조·조정 원활 ④ 전국적으로 균등한 경찰서비스 제공	① 지방자치단체별로 독립되어 있어 조직·운영의 개혁 용이 ② 주민의견 수렴이 용이하고 경찰과 시민의 유대 강화 ③ 각 지방의 특성에 적합한 경찰행정 ④ 재원과 책임을 분담
단점	① 각 지방의 실정에 적합한 치안행정 곤란 ② 정부의 특정정책의 수행에 이용되어 경찰본연의 임무를 벗어날 우려가 있음	① 강력한 집행력 행사가 곤란 ② 전국적·광역적·통일적 경찰활동에 부적합 ③ 지역별 불균등한 경찰서비스 제공

(4) 우리나라의 경찰제도

① 우리나라의 경우 국가경찰과 자치경찰의 이원적 운영으로 절충형에 해당

② 국가경찰위원회와 자치경찰위원회

국가경찰위원회	자치경찰위원회
행정안전부소속	시·도지사소속
위원은 대통령이 임명	위원은 시·도지사가 임명(위원장과 위원의 임기 3년, 연임불가)
국가경찰행정 심의·의결	자치경찰행정 심의·의결

③ 자치경찰의 사무

㉠ 지역 내 주민의 생활안전 활동에 관한 사무

㉡ 지역 내 교통활동에 관한 사무

㉢ 지역 내 다중운집 행사 관련 혼잡 교통 및 안전 관리

㉣ 학교폭력, 가정폭력, 교통사고 및 교통 관련 범죄 등에 해당하는 수사사무

테마 09 ▶ 지방재정

(1) 자주재원 : 지방세, 세외수입

① 지방세의 종류

구분	광역자치단체		기초자치단체	
	특별시·광역시	도	자치구	시·군
보통세(9개)	취득세, 주민세, 자동차세, 담배소비세, 레저세, 지방소비세, 지방소득세	취득세, 등록면허세, 레저세, 지방소비세	재산세, 등록면허세	주민세, 재산세, 자동차세, 담배소비세, 지방소득세
목적세(2개)	지역자원시설세, 지방교육세	지역자원시설세, 지방교육세		

② 국세의 종류 : 주세, 부가가치세, 종합부동산세

(2) 의존재원 : 지방교부세, 국고보조금

① 지방교부세의 종류(교부주체 – 행정안전부장관)

종류	개념		재원	용도
보통 교부세	재정력지수(기준재정수입액/기준재정수요액)가 1 이하인 자치단체에 교부(자치구는 직접 교부대상이 아님)		[내국세총액의 19.24%＋정산액]의 100분의 97	일반 재원
특별 교부세	㉠ 기준재정수요액으로는 산정할 수 없는 특별한 재정수요 발생 시 교부	40/100	[내국세총액의 19.24%＋정산액]의 100분의 3	특정 재원
	㉡ 재난 복구 및 안전관리를 위한 특별한 재정수요 발생 시 교부	50/100		
	㉢ 국가적 장려, 국가와 지방간 시급한 협력, 역점시책, 재정운용실적 우수 시 교부	10/100		
소방안전 교부세	소방 및 안전시설 확충, 안전관리 강화 등을 위하여 교부		담배에 부과되는 개별소비세 총액의 100분의 45＋정산액	특정 재원
부동산 교부세	재정여건 및 지방세 운영상황 등을 고려하여 교부 (특별시·광역시·도에는 교부하지 않음)		종합부동산세 전액＋정산액	일반 재원

② 국고보조금의 종류

　㉠ 협의의 보조금 : 자치단체가 스스로의 재원으로 충당하여야 할 사업이나 정책 등에 대해서 국가정책적인 견지에서 추진·장려·촉진할 필요가 있는 경우 지원하는 재원

　㉡ 교부금(위탁금) : 국가사무를 지방에 위임한 경우에 그 소요되는 경비의 전액을 보전하기 위하여 교부되는 재원

　㉢ 부담금 : 지방자치단체 사무가 국가와 일정한 이해관계가 있고 또는 그 원활한 사무처리를 위해 국가가 경비를 부담하지 않으면 안 되는 경우에 있어서 그 전부 또는 일부를 부담하는 재원

③ 지방교부세와 국고보조금의 비교

구분	지방교부세	국고보조금
재원	내국세총액의19.24%＋종합부동산세전액＋담배의 개별소비세45%	국가의 일반회계 또는 특별회계예산에서 지원
용도	일반재원 : 기본행정수요경비	특정재원 : 국가시책, 정책적 고려
배정 방식	재정부족액(법정 기준)	국가시책 및 정책적 고려(사업별 용도지정)
목적	재정의 형평화	자원배분의 효율화
근거	지방교부세법	보조금 관리에 관한 법률
지방비 부담	없음	있음

④ 자치단체 간 재정조정제도 – 조정교부금
　ㄱ 시·군 조정교부금 : 광역시·도가 관할구역 내의 시·군 간의 '재정력 격차를 조정'하기 위하여 **광역시세 및 도세 수입의 일부**를 시·군에 배분하는 제도
　ㄴ 자치구 조정교부금 : 특별시·광역시가 시세수입 중 일정액을 자치구 간 재정력 격차를 조정하기 위하여 자치구에게 지원해 주는 제도

(3) 지방채발행조건

① 공유재산조성(도로, 지하철)
② 재해예방 및 복구
③ 대규모 세입결함 보전
④ 지방채 차환

지방채발행원칙 (자율발행)	자치단체장은 지방채를 발행하려면 대통령령으로 정하는 지방채 발행 한도액의 범위에서 지방의회의 의결을 얻어야 한다.
행정안전부 협의사항	한도액을 초과하여 지방채를 발행하려는 경우 행정안전부장관과 협의 필요 (단, 재정위험수준 등을 고려하여 정하는 일정범위를 초과하는 지방채를 발행하는 경우에만 행정안전부장관의 승인)
행정안전부 승인사항	① 지방채 발행 한도액 범위더라도 외채를 발행하는 경우에는 지방의회의 의결을 거치기 전에 행정안전부 장관의 승인을 받아야 한다. ② 자치단체조합이 지방채를 발행하는 경우(행안부장관의 승인을 받은 범위에서 조합의 구성원인 각 지방 자치단체 지방의회의 의결을 얻어야 한다).

(4) 주요지방재정지표

재정규모 (재정력)	자주재원＋의존재원＋지방채	지방재정자립도 등을 반영하지 못함
재정자립도	(지방세＋세외수입) / 일반회계세입총액	총재정규모의 파악 곤란, 세출구조의 무시, 지방재정력과 충돌가능성
재정력지수	기준재정수입액 / 기준재정수요액	보통교부세 교부 기준지수가 클수록 재정력이 좋음
재정자주도	일반재원 / 일반회계세입총액	차등보조금 교부기준, 재정자립도 미반영

▶ 지방공기업의 유형

지방직영기업		자치단체가 직접 경영(행정기관, 공무원신분)	상하수도, 자동차운송, 궤도, 주택, 토지개발사업, 지방도로사업 등
간접경영 (법인)	지방공사	50% 이상 또는 전액 자치단체 출자 (외국인 포함, 민간 출자 허용)	• 기관은 행정기관 아님 • 직원도 공무원신분 아님
	지방공단	전액 자치단체 출자(민간 출자 불용), 자치단체가 위탁한 사무만 처리	

(1) 로즈(Rhodes) 의 상호의존모형

① 대리자 모형 : 지방정부가 중앙정부에 종속되어 있어 지방정부는 중앙정부의 대리자에 불과하다고 보는 모형

② 동반자 모형 : 중앙정부와 지방정부가 대등한 입장에서 사무를 처리하는 수평적 정부관계모형

③ 상호의존모형 : 중앙정부는 입법권한과 재원확보의 측면에서, 지방정부는 행정서비스 집행의 조직자원과 정보의 수집처리능력 면에서 우위에 있기 때문에 양자는 상호 협력을 통해 부족한 자원을 교환한다고 보는 모형

(2) 라이트(Wright) 의 정부 간 관계 모형

모형	내용
분리권위형 (조정권위형)	• 연방정부와 주정부는 명확한 분리 하에 상호 독립적·완전 자치적으로 운영되고 지방정부는 주정부에 종속된 이원적 관계 • 연방정부와 주정부는 대등한 지위를 가지며 상호 경쟁적 관계
포괄권위형 (내포권위형)	• 연방정부가 주정부와 지방정부를 완전히 포괄하는 종속관계이고 강력한 계층제적 통제를 받음 • 딜런의 법칙(Dillon's Rule)과 관련됨
중첩권위형 (중복형)	• 연방정부와 주 및 지방정부가 각자 고유한 영역을 가지면서 동시에 동일한 관심과 책임영역을 갖는 상호의존적 관계 • 정부기능이 연방·주·지방정부에 의해 동시적으로 작용 • 협상·교환관계를 형성하면서 재정적 상호협조와 경쟁관계

(3) 엘코크(Elcock) 의 모형

① 대리인모형 : 지방정부를 중앙정부의 대리인으로 간주하는 모형으로서 지방정부의 주된 임무는 중앙정부가 위임한 사무를 수행하는 것이며 국가의 정책을 집행함에 있어 재량권이 거의 없음

② 동반자모형 : 중앙과 지방의 관계를 동반자로 보는 모형으로서 중앙정부와 지방정부의 관계에는 여러 가지 복잡한 상호작용이 발생되고 있다는 것이다. 따라서 지방정부는 중앙정부의 정책결정에 어느 정도 영향력을 미칠 수 있으며 지역활동 수행시 상당한 재량권을 가진다고 봄

③ 교환(절충)모형 : 대리인모형과 동반자모형을 절충한 모형으로서 중앙과 지방이 상호 의존 관계에 있다고 봄

(4) 무라마츠(松村) 의 모형

① 수직적 통제모형 : 중앙정부의 지방정부에 대한 강력한 통제를 전제로 하는 모형

② 수평적 통제모형 : 중앙정부의 지방정부가 수평적 관계에서 상호·협력의존하는 모형

테마 11 국가와 지방자치단체 간의 관계

1. 위법·부당한 명령·처분의 시정

① 지방자치단체의 사무에 관한 지방자치단체의 장의 명령이나 처분이 법령에 위반되거나 현저히 부당하여 공익을 해친다고 인정되면 시·도에 대해서는 주무부장관이, 시·군 및 자치구에 대해서는 시·도지사가 기간을 정하여 서면으로 시정할 것을 명하고, 그 기간에 이행하지 아니하면 이를 취소하거나 정지할 수 있다.

② 주무부장관은 지방자치단체의 사무에 관한 시장·군수 및 자치구의 구청장의 명령이나 처분이 법령에 위반되거나 현저히 부당하여 공익을 해침에도 불구하고 시·도지사가 시정명령을 하지 아니하면 시·도지사에게 기간을 정하여 시정명령을 하도록 명할 수 있다.

③ 주무부장관은 시·도지사가 제2항에 따른 기간에 시정명령을 하지 아니하면 제2항에 따른 기간이 지난 날부터 7일 이내에 직접 시장·군수 및 자치구의 구청장에게 기간을 정하여 서면으로 시정할 것을 명하고, 그 기간에 이행하지 아니하면 주무부장관이 시장·군수 및 자치구의 구청장의 명령이나 처분을 취소하거나 정지할 수 있다.

④ 주무부장관은 시·도지사가 시장·군수 및 자치구의 구청장에게 시정명령을 하였으나 이를 이행하지 아니한 데 따른 취소·정지를 하지 아니하는 경우에는 시·도지사에게 기간을 정하여 시장·군수 및 자치구의 구청장의 명령이나 처분을 취소하거나 정지할 것을 명하고, 그 기간에 이행하지 아니하면 주무부장관이 이를 직접 취소하거나 정지할 수 있다.

⑤ 자치사무에 관한 명령이나 처분에 대한 주무부장관 또는 시·도지사의 시정명령, 취소 또는 정지는 법령을 위반한 것에 한정한다.

⑥ 지방자치단체의 장은 자치사무에 관한 명령이나 처분의 취소 또는 정지에 대하여 이의가 있으면 그 취소처분 또는 정지처분을 통보받은 날부터 15일 이내에 대법원에 소를 제기할 수 있다.

2. 지방자치단체의 장에 대한 직무이행명령 및 대집행

① 지방자치단체의 장이 법령에 따라 그 의무에 속하는 국가위임사무나 시·도위임사무의 관리와 집행을 명백히 게을리하고 있다고 인정되면 시·도에 대해서는 주무부장관이, 시·군 및 자치구에 대해서는 시·도지사가 기간을 정하여 서면으로 이행할 사항을 명령할 수 있다.

② 주무부장관이나 시·도지사는 해당 지방자치단체의 장이 이행명령을 이행하지 아니하면 그 지방자치단체의 비용부담으로 대집행 또는 행정상·재정상 필요한 조치를 할 수 있다.

③ 주무부장관은 시장·군수 및 자치구의 구청장이 법령에 따라 그 의무에 속하는 국가위임사무의 관리와 집행을 명백히 게을리하고 있다고 인정됨에도 불구하고 시·도지사가 이행명령을 하지 아니하는 경우 시·도지사에게 기간을 정하여 이행명령을 하도록 명할 수 있다.

④ 주무부장관은 시·도지사가 이행명령을 하지 아니하면 제3항에 따른 기간이 지난날부터 7일 이내에 직접 시장·군수 및 자치구의 구청장에게 기간을 정하여 이행명령을 하고, 그 기간에 이행하지 아니하면 주무부장관이 직접 대집행 등을 할 수 있다.

⑤ 주무부장관은 시·도지사가 시장·군수 및 자치구의 구청장에게 이행명령을 하였으나 이를 이행하지 아니한 데 따른 대집행 등을 하지 아니하는 경우에는 시·도지사에게 기간을 정하여 대집행 등을 하도록 명하고, 그 기간에 대집행 등을 하지 아니하면 주무부장관이 직접 대집행 등을 할 수 있다.

⑥ 지방자치단체의 장은 이행명령에 이의가 있으면 이행명령서를 접수한 날부터 15일 이내에 대법원에 소를 제기할 수 있다. 이 경우 지방자치단체의 장은 이행명령의 집행을 정지하게 하는 집행정지결정을 신청할 수 있다.

3. 지방자치단체의 자치사무에 대한 감사

① 행정안전부장관이나 시·도지사는 지방자치단체의 자치사무에 관하여 보고를 받거나 서류·장부 또는 회계를 감사할 수 있다. 이 경우 감사는 법령 위반사항에 대해서만 한다.

② 행정안전부장관 또는 시·도지사는 감사를 하기 전에 해당 사무의 처리가 법령에 위반되는지 등을 확인하여야 한다.

4. 지방의회 의결의 재의요구 지시와 제소

① 지방의회의 의결이 법령에 위반되거나 공익을 현저히 해친다고 판단되면 시·도에 대해서는 주무부장관이, 시·군 및 자치구에 대해서는 시·도지사가 해당 지방자치단체의 장에게 재의를 요구하게 할 수 있고, 재의 요구 지시를 받은 지방자치단체의 장은 의결사항을 이송받은 날부터 20일 이내에 지방의회에 이유를 붙여 재의를 요구하여야 한다.

② 시·군 및 자치구의회의 의결이 법령에 위반된다고 판단됨에도 불구하고 시·도지사가 재의를 요구하게 하지 아니한 경우 주무부장관이 직접 시장·군수 및 자치구의 구청장에게 재의를 요구하게 할 수 있고, 재의 요구 지시를 받은 시장·군수 및 자치구의 구청장은 의결사항을 이송받은 날부터 20일 이내에 지방의회에 이유를 붙여 재의를 요구하여야 한다.

③ 재의 요구에 대하여 재의한 결과 재적의원 과반수의 출석과 출석의원 3분의 2 이상의 찬성으로 전과 같은 의결을 하면 그 의결사항은 확정된다.

④ 지방자치단체의 장은 재의결된 사항이 법령에 위반된다고 판단되면 재의결된 날부터 20일 이내에 대법원에 소를 제기할 수 있다. 이 경우 필요하다고 인정되면 그 의결의 집행을 정지하게 하는 집행정지결정을 신청할 수 있다.

⑤ 주무부장관이나 시·도지사는 재의결된 사항이 법령에 위반된다고 판단됨에도 불구하고 해당 지방자치단체의 장이 소를 제기하지 아니하면 시·도에 대해서는 주무부장관이, 시·군 및 자치구에 대해서는 시·도지사가 그 지방자치단체의 장에게 제소를 지시하거나 직접 제소 및 집행정지결정을 신청할 수 있다.

⑥ 제5항에 따른 제소의 지시는 제4항의 기간이 지난 날부터 7일 이내에 하고, 해당 지방자치단체의 장은 제소 지시를 받은 날부터 7일 이내에 제소하여야 한다.

⑦ 주무부장관이나 시·도지사는 제6항의 기간이 지난 날부터 7일 이내에 직접 제소 및 집행정지결정을 신청할 수 있다.

⑧ 지방의회의 의결이 법령에 위반된다고 판단되어 주무부장관이나 시·도지사로부터 재의 요구 지시를 받은 해당 지방자치단체의 장이 재의를 요구하지 아니하는 경우에는 주무부장관이나 시·도지사는 제1항 또는 제2항에 따른 기간이 지난 날부터 7일 이내에 대법원에 직접 제소 및 집행정지 결정을 신청할 수 있다.

⑨ 지방의회의 의결이나 재의결된 사항이 둘 이상의 부처와 관련되거나 주무부장관이 불분명하면 행정안전부장관이 재의 요구 또는 제소를 지시하거나 직접 제소 및 집행정지 결정을 신청할 수 있다.

테마 12 ▶ 정부 간 분쟁(갈등)조정

(1) 중앙·지방간 분쟁조정제도

중앙행정기관의 장과 자치단체장이 사무를 처리함에 있어 의견을 달리하는 경우에 이를 협의·조정하기 위하여 국무총리실에 행정협의조정위원회를 설치

(2) 지방자치단체분쟁조정위원회

① 행정안전부 산하에 중앙분쟁조정위원회 설치

② 시·도에 지방분쟁조정위원회 설치

▶ 중앙지방협력회의 설치 : 구성원 – 대통령, 총리, 각 부 장관, 시·도지사

테마 13 ▶ 특별지방행정기관(일선기관)

(1) 특별지방행정기관의 개념

중앙행정기관에 소속되어 당해 관할구역 내에서 시행되는 소속중앙행정기관의 권한에 속하는 행정사무를 관장하는 국가의 지방행정기관으로 독립된 법인격 없음

(2) 특별지방행정기관의 장·단점

장점	① 국가의 업무부담 경감 ② 신속한 업무처리 및 통일적 행정 수행 ③ 지역별 특성을 확보하는 정책집행 : 근린행정 ④ 규모의 경제를 실현하여 광역적 행정에 대응하기 용이 ⑤ 행정의 전문성 제고
단점	① 지방자치단체의 종합행정 저해 ② 주민들의 직접 통제와 참여가 용이하지 않음 ③ 주민에 대한 책임행정 저해 ④ 기능 중복으로 인한 비효율성 ⑤ 주민의 혼란과 불편

(1) 대두배경

① 사회·경제권역의 확대에 대응
② 복지국가의 실현(지방단체간의 재정적 격차를 완화와 주민복리를 평준화)
③ 광역적 지역개발(수자원개발, 도로 등)·도시문제 해결(교통, 범죄 등)의 필요성
④ 규모의 경제실현(행정의 경제성 요청)
⑤ 외부효과의 해결

(2) 광역행정방식

공동 처리	사무위탁	사무의 일부를 다른 자치단체와 계약에 의하여 위탁처리하는 방식. 법인격 없음
	행정협의회	둘 이상의 자치단체가 광역적 업무의 공동처리를 위하여 협의체를 구성하는 방식. 법인격이 없고 구속력(강제력) 없음
	일부 사무조합	둘 이상의 자치단체가 사무의 일부를 공동 처리하기 위해 규약(계약)을 정하고 설치하는 법인체 (법인격이 있으며 특별자치단체의 지위를 가짐)
연합	연합체	둘 이상의 자치단체가 독립된 법인격을 유지하면서 여러 개의 광역적 사무를 공동으로 처리하기 위해 새로운 광역정부를 창설하는 방식
통합	합병	둘 이상의 자치단체가 법인격을 통폐합시켜 광역단위의 새로운 법인격을 가지는 단체 창설(통폐합)
	흡수통합	하급 자치단체의 권한이나 지위를 상급자치단체가 흡수하는 방식
특별지방행정기관		중앙행정기관에 소속되는 지방행정조직으로 법인격 없음. 특정한 광역적인 행정서비스의 공급(지방 국세청, 지방 환경청, 지방 국토관리청 등)

PUBLIC
ADMINISTRATION

참고

지방자치법 전부개정안 (22. 1. 13)

1 획기적인 주민주권 구현

분야	기존	개정
목적규정 (제1조)	• 목적규정에 주민참여에 관한 규정 없음	• 목적규정에 '주민의 지방자치행정에 참여에 관한 사항' 추가
주민참여권 강화 (제17조)	• 주민 권리 제한적 ① 자치단체 재산과 공공시설 이용권 ② 균등한 행정의 혜택을 받을 권리 ③ 참정권	• 주민 권리 확대 : 주민생활에 영향을 미치는 정책결정 및 집행과정에 참여할 권리 신설
주민조례발안제 도입 (제19조)	• 단체장에게 조례안 제정, 개·폐 청구	• 의회에 조례안을 제정, 개·폐 청구 가능 (별도법 제정)
주민감사 청구인 수 하향조정 (제21조)	• 서명인 수 상한 : 시·도 500명 50만 이상 대도시 300명 시·군·구 200명	• 상한 하향조정 : 시·도 300명 50만 이상 대도시 200명 시·군·구 150명
청구권 기준연령 완화 (제21조)	• 19세 이상 주민 청구 가능	• 조례발안, 주민감사, 주민소송 18세 이상 주민 청구 가능
자치단체기관구성 형태 다양화 (제4조)	• 기관 분리형(단체장–지방의회)	• 주민투표 거쳐 지방의회와 집행기관의 구성 변경 가능(기관분리형·통합형 등)

❷ 역량강화와 자치권 확대

분야	기존	개정
사무배분 명확화 (제11조)	• 지방자치법에 국가·지방간 사무배분 원칙 및 준수의무 등 미규정(지방분권법에서 규정)	• 보충성, 중복배제, 포괄적 배분 등 사무배분 원칙 규정 • 사무배분 기준에 대한 국가와 자치단체의 준수의무 부과
국제교류·협력 근거 신설 (제10장)	• 규정없음	• 국제교류 협력 및 국제기구 지원, 해외사무소 운영근거 마련
자치입법권 보장 강화 (제28조)	• 조례의 제정범위 침해 관련 미규정	• 법령에서 조례로 정하도록 위임한 사항에 대해 법령의 하위법령에서 위임 내용·범위를 제한하거나 직접 규정하지 못하도록 규정
특례시 및 자치단체 특례 부여 (제198조)	• 규정없음	• 100만 이상은 특례시로 하고, • 행정수요·균형발전 등을 고려하여 대통령령에 따라 행안부장관이 정하는 시·군·구에 특례 부여 가능
지방의회 인사권 독립 (제103조)	• 의회 사무처 소속 사무직원 임용권은 단체장 권한	• 지방의회 소속 사무직원 임용권을 지방의회 의장에게 부여
정책지원전문인력 도입 (제41조)	• 규정없음	• 모든 지방의회에서 의원정수 1/2 범위에서 정책지원전문인력 운영 가능 ※ 단, 2023년까지 단계적 도입
지방의회 운영 자율화 (제5장)	• 회의 운영 방식 등 지방의회 관련 사항이 법률에 상세 규정	• 조례에 위임하여 지역 특성에 맞게 정하도록 자율화

❸ 책임성과 투명성 제고

분야	기존	개정
정보공개 확대 (제26조)	• 자치단체 정보공개 의무·방법 등 미규정	• 의회 의정활동, 집행부 조직·재무 등 정보공개 의무·방법 등에 관한 일반규정 신설 • 정보플랫폼 마련으로 접근성 제고
의정활동 투명성 강화 (제74조)	• 지방의회 표결방법의 원칙 관련 근거 미비	• 기록표결제도 원칙 도입
지방의원 겸직금지 명확화 (제43조)	• 겸직금지 대상 개념이 불명확 • 겸직신고 내역 외부 미공개	• 겸직금지 대상 구체화 • 겸직신고 내역 공개 의무화
지방의회 책임성 확보 (제65조)	• 윤리특위 설치 임의규정 • 윤리심사자문위 설치 미규정	• 윤리특위 설치 의무화 • 민간위원으로 구성된 윤리심사자문위 설치, 의견청취 의무화
시·군·구 사무수행 책임성 강화 (제189조)	• 시·군·구의 위법 처분·부작위에 대해 국가가 시정·이행명령 불가	• 국가가 보충적으로(시·도가 조치를 취하지 않을 경우) 시·군·구의 위법한 처분·부작위에 시정·이행명령 가능

4 중앙–지방간 협력관계 정립 및 행정 능률성 제고

분야	기존	개정
중앙지방 협력회의 (제186조)	• 규정없음 ※ 대통령 – 시도지사 간담회 운영	• '중앙지방협력회의' 신설(별도법 제정)
국가–지방 간 협력 (제164조)	• 규정없음	• 균형적 공공서비스 제공, 균형발전 등을 위한 국가 – 자치단체, 자치단체간 협력의무 신설
자치단체 사무에 대한 지도·지원 (제184조)	• 중앙행정기관의 장이나 시·도지사는 관할 지방자치단체의 사무에 대한 조언·권고·지도 가능	• 중앙행정기관의 장이나 시·도지사의 조언·권고·지도에 대한 단체장의 의견제출권 신설
경계변경 조정신청 (제6조)	• 규정없음	• 자치단체의 장은 행안부장관에게 경계변경 조정신청 이 경우 지방의회 재적의원 과반수 출석과 출석의원 2/3이상의 동의
단체장 인수위원회 (제105조)	• 규정없음	• 시·도 20명, 시·군·구 15명 이내에서 임기 시작 후 20일 범위내로 단체장 인수위 자율 구성
행정협의회 활성화 (제169조)	• 설립시 지방의회의 의결 필요 • 자치단체 간 협력에 대한 지원근거 없음	• 설립 시 지방의회에 보고로 간소화 • 관계 중앙행정기관의 장은 협력활성화를 위해 필요한 지원 가능
특별지방자치단체 (제12장)	• 세부사항 미규정	• 2개 이상의 자치단체가 공동으로 광역사무 처리를 위해 필요시 특별지방자치단체 설치·운영 근거 규정

블루행정학 합격 서브노트

발행일 2판1쇄 발행 2024년 8월 20일
발행처 듀오북스
지은이 김 헌
펴낸이 박승희

등록일자 2018년 10월 12일 제2021-20호
주소 서울시 중랑구 용마산로96길 82, 2층(면목동)
편집부 (070)7807_3690
팩스 (050)4277_8651
웹사이트 www.duobooks.co.kr

정가 15,000원 **ISBN** 979-11-90349-71-0 03350